성적, 이제 내 마음대로 한다

성적, 이제 내 마음대로 한다

누구나 쉽게 하는 집중력 학습법

민정암 지음

물병자리

성적, 이제 내 마음대로 한다

1판 1쇄 인쇄일/2002년 2월 5일
1판 1쇄 발행일/2002년 2월 15일

지은이/민정암
펴낸이/유희남
만든이/권미경 · 최지니
본문 일러스트/양효은
펴낸곳/물병자리

출판등록일(번호)/1997년 4월 14일(제2-2160호)
주소/110-121 서울시 종로구 종로 1가 24번지 수도빌딩 506호
대표 전화 (02) 735-8160/팩스 (02) 735-8161
e-mail/aquari@unitel.co.kr

ISBN 89-87480-46-1 03370

*잘못된 책은 구입하신 서점에서 교환해 드립니다.

책머리에

성적, 지금 이 시대 중고생들의 어깨를 못 펴게 만드는 단어다. 공부를 하느라고는 하는데도 마음먹은 대로 점수는 올라가지 않는다. 잠도 줄여보고 이것저것 참고서를 뒤적이고 반복해도 뭐 크게 나아지는 게 없다. 그렇다고 1, 2등 하는 애들을 부러워하고만 있을 수만도 없지 않은가.

이 책은 성적 때문에 고민하는 학생들을 위해 만들어졌다. 무엇보다도 자세하게 설명하는 것은 자신의 내면을 다스려 성적을 올리는 방법이다. 노력만 가지고 성적이 오르는 것은 아니다. 먼저 자신을 알고, 자신에게 맞는 학습법을 이용할 줄 아는 것이 성적을 올리는 지름길이다.

성적이 오르지 않는다면 우선 그 원인을 파악해야 한다. 원인이 분명치 않고는 발전을 기대하기 어렵다. 스스로의 공부방법에 대해 면밀히 분석하고, 효과적인 공부법으로 과감하게 개선해야 한다.

제대로 된 공부라면 자신의 실력이 향상되는 것을 느낄 수 있다. 만약, 그렇지 않다면 잘못된 공부를 하고 있는 것이다. 공부방법만 제대로라면 한두 달 사이에 성적은 획기적으로 오른다. 아무리 효과가 늦어도 석 달 이내에 반드시 성적이 올라야 한다. 많은 노력을 기울였는데도 성적이 오르지 않고 있다면 확실히 공부방법에 문제가 있는 것이다.

최근에는 내신성적이 입시에 반영되기 때문에 그런 일이 없지만, 예전에는 학교시험을 무시하면서 공부하는 학생이 많았다. 공부는 평가를 하지 않으면 자신의 실력을 알 수가 없고 객관적인 평가자료도 얻을 수 없다. 실력과 시험이 별개라는 생각은 아주 위험한 생각이다. 시험으로 실력을 모두 파악할 수는 없지만, 시험만큼 정확하게 실력을 평가해 주는 수단은 없다는 것 또한 인정해야 하기 때문이다.

공부방법을 제대로 깨닫지 못한 사람은 다른 면에서도 뒤질 가능성이 있다. 경쟁을 이기기 위해 어차피 한 번은 거쳐야 할 일이라면 빨리 깨우치는 것이 바람직하다. 절대로 중도에 포기해서는 안 된다. 성적이 만족할 만큼 오를 때까지 철저하게 그리고 항상 공부방법에 대해 연구하고 검토하고 반성하고 개발해 나가야 한다.

이 책은 크게 세 단계로 구성되어 있다.

1단계에서는 성적이 오르지 않는 이유에 대해 조목조목 설명한다. 자신을 먼저 분석하는 작업이다.

2단계에서는 성적을 올리기 위해서 꼭 필요한 것이 집중력임을 강조한다. 에너지가 부족하면 장시간 공부를 지속할 수가 없다. 따라서 집중력을 강화하고 기(氣) 에너지를 사용하는 방법을 가르치고 있다. 그것은 에너지 없이 발휘될 수 없기 때문이다.

3단계에서는 효과적으로 공부하는 방법에 대해 구체적으로 설명하고 있다. 오랜 경험에 의하여 검증된 효과적인 공부법들을 세세히 설명함으로써 누구나 자신감을 가지고 공부에 임하도록 하였다.

이 책을 위해 그동안 필자가 공부하면서 겪었던 여러 가지 어려움, 그리고 일선에서 학생들과 함께 경험했던 일들 그리고 필자의 전공인 잠재능력 강화법과 기를 활용하여 몸을 다스리고 마음을 다스리는 법 등을 모두 소개하였다.

다소 이해가 어려운 점도 있겠지만 성적을 올리는 핵심들을 설명하려고 최선을 다해 노력한 만큼 믿음을 가지고 공부에 임해주기 바란다. 이제부터의 성과는 전적으로 독자가 얼마나 열심을 내느냐에 달려 있다.

이 책을 보고 의문이 나는 사항이 생기면 주저없이 필자의 홈페이지(www.tao21.or.kr)에 글을 올려주기 바란다. 잠재의식 활용문제, 기(氣) 활용문제 등 무슨 질문이라도 자세한 답변을 약속하며 또한 유능한 선생님을 모시고 각 과목에 대한 보충지도 코너도 만들 계획이다. 아울러 이 책을 통해 실천이 어려웠던 수련법들, 즉 어깨 풀기 · 기 일으키기 · 동오식(動五式) 등과 기(氣)받기 수련, 그 외의 고급 수련법들을 동영상으로 올려놓을 계획이니 언제나 그곳을 교실처럼 사용해 주기 바란다.

홈페이지는 무료회원제로 운영할 계획이며 형편이 허락하는 대로 조용한 곳을 찾아 잠재능력과 기(氣) 능력을 강화하는 '집중력 캠프'도 개최할 계획이다.

또한 이 책에 이어 두 번째 책을 준비중이다. 집중력 강화에 대한 독자들의 질문과 답, 그리고 각 과목(국어, 영어, 수학)의 전문 선생님이 엮는 핵심 공부법으로 구성될 것이다. 기대해주기 바란다.

아무쪼록 이 책의 지시를 잘 따라 공부하여 자신의 가치를 최대로 발휘하고 나아가 모든 경쟁에서 남김없이 승리하기를 바란다.

2002년 1월
민정암

contents

2단계
성적을 올리기 위한 워밍업

실현된다 / 공부에 욕심을 가져야 혼들림이 없다 / 목표는 분명하고 일관되게 / 감정 정리는 신속하게 한다 / 성공하는 친구와 친하라 / 잡념에 대한 이야기 / 슬럼프, 한 단계 올라갈 때마다 찾아오는 자극제

3단계   성적을 2배로 올리는 12가지 방법

긍정적인 마음으로 자기 프로그래밍을!

한양대학교 시스템응용공학부 2학년 이종혁

(2001년 2월 민족사관고등학교 졸업)

내가 학교에서 민정암 선생님을 만나게 된 것은 정말 행운 중의 행운이었다고 말하고 싶다. 2학년 2학기 때 선생님이 우리 학교에 특강을 하러 오셨었다. 처음엔 그저 초능력 같은 신기한 것을 배울 수 있겠구나 하는 생각뿐이었다. 그러나 우리 학교에 오셔 매일 아침 선생님을 만나 수련하게 되면서 내 예상은 어긋나기 시작했다. 마치 새 옷을 입는 것처럼 나 자신을 송두리째 바꿔버렸기 때문이다.

민족사관고에 들어오면서 동기 친구들과 성적을 가지고 경쟁을 벌이며, 괜히 우쭐했던 마음이 있었던 게 사실이다. 그러나 선생님을 만나게 되면서 '지금까지 내가 얼마나 작은 것에 집착했는가'를 깨닫기 시작했다. 또한 그동안 해왔던 내 공부법이 얼마나 무식한 공부법인지도 알게 되었다.

솔직히 말해서, 그 당시 나는 몸과 마음이 지쳐 있었고 성적도 점점 떨어져 바닥을 기고 있었다. 잠을 줄이며 공부를 하는데도 불구하고 성적이 오르지 않아서 더욱더 힘들었다. 소위 '계획공부'라는 말을 듣기 전까지만 해도 노력만이 최선이라고 생각했기 때문이다.

나는 문제가 생길 때마다 선생님을 찾아 뵙기 시작했다. 선생님을 너무 자주 만나는 것이 공부에 방해가 된다는 친구들의 말도 있었지만, 나는 개의치 않았다. 당시 나는 선생님으로부터 공부보다 더 중요한 것을 얻고 있었는데, 친구들은 그것을 몰랐던 것이다.

선생님이 간간이 들려주시던 노자(老子) 이야기는 마른 땅에 단비와 같이 깊은 감동을 주었다. 게다가 태극기공을 통해 내 마음을 들여다볼 수 있게 됨으로써, 늘 찌뿌드드했던 몸이 새롭게 변해갔다. 점차 마음의 안정을 찾아가면서, 남을 의식하지 않고 오직 내 자신에게 집중하는 것이 가장 중요하다는 사실을 깨달았다.

이 기공과 명상은 몸을 알고 숨을 알고 마음을 알게 하는 보물과 같은 것이다. 내 몸에 기를 느낀다는 것은 내 마음을 통제하고 있다는 것을 의미하기 때문이다. 기공을 조금씩 배우면서 기공의 베이스(base)에는 노자 사상이 깔려 있음을 알게 되었다. 노자는 마음에 관한 고찰을, 인생에 관한 고찰을 은유적으로 적어놓은 책이었다. 기공을 배우면서 노자를 배우면서 내 마음에 대한 자세가 바뀌고 내 시각이 점점 바뀌게 되었다. 내 인생관도, 내 의식도 점점 바뀌었다.

고3이라면 누구나 좋은 대학교에 진학하겠다는 욕심이 있을 것이며 나 역시 마찬가지였다. 고3 내내 나의 머릿속에는 선생님께 배운 '프로그래밍(자기 최면)' 방법이 있었다. 매일 밤 몸의 긴장을 풀고 내가 대학에 합격하는 것을 이미지로 만들어서 떠올리는 작업을 되풀이했다. 그 일은 내게 너무나 중요했다.

프로그래밍으로 인해 나는 다른 친구들과는 전혀 다른 고3 생활을 하게 되었던 것이다. 남들은 어떤 목표를 정해 원하는 대학에 꼭 진학하겠다는 다짐을 하면서, 말 그대로 지옥훈련이라도 하듯이 공부를 했다. 이에 반해 나는 이런 강박적인 목표의식보다 내 자신에게 충실하자는 자연스런 마음가짐을 중요시했다.

고3 생활을 하면서 생각보다 성적이 많이 오르지는 않았지만, 수능 막판에서 난 내 자신의 성공을 확신했다. 어차피 시험볼 때 긴장해서 문제를 푸나 편안하게 문제를 푸나 내 실력은 변하지 않는다. 오히려 긴장된 상태에서는 문제를 풀면서 실수할 경우가 많으니까 말이다. 중요한 순간일수록 마음을 정리하고 다스리는 습관이 배어 있었기에 놀라운 결과를 낳은 것이다.

합격 발표날, 난 마음을 비우고 기숙사 방에서 낮잠을 자고 있었다. 그런데 어디선가 쿵쾅쿵쾅 거리는 소리가 들리더니 친구들이 갑자기 들이닥쳐 내 이름을 큰 소리로 부르면서 내 몸을 막 밟는 것이었다. 눈이 휘둥그레 무슨 일인가 했더니, 대입 합격 신고식을 한 것이다. 정말 선생님의 말씀대로 시험장에서 나는 20점을 올릴 수 있었고, 원하던 학과에 당당히 들어갈 수가 있었다.

선생님으로부터 배운 것은 평생 내 재산이 될 것이다. 선생님으로 인해 나는 지옥 같은 고3 생활을 신선처럼 편안하고 즐겁게 지냈고, 또 현재의 대학 생활도 그렇게 지낼 수 있게 되었기 때문이다. 이것은 내 삶 자체가 바뀐 일대 사건이었다.

계획 공부가 나를 도왔어요!

연세대학교 유럽어문학부 3학년 유선영

(1999년 2월 대일외국어고등학교 졸업)

우리나라 고등학생들은 모두 똑같은 악조건에서 공부하고 있다고 생각한다. 치열한 입시전쟁, 모자라는 잠, 허약한 체력.

이 세 가지에 대해 부정하는 고등학생은 아무도 없을 것이다.

다른 학생들과 마찬가지로 나도 그렇게 일 년간 고등학교 생활을 치여서 보냈다. 꼭 공부 문제뿐만 아니라 친구들과의 감정문제 등으로 입학 때 꽤 좋은 편이었던 성적은 계속 미끄러져 내려갔다. 하루 24시간 중 15시간을 넘게 책상 앞에 앉아 있으려니 소화불량, 편두통, 변비 등으로 매우 고생해야 했고 언제나 피곤하고 어깨가 아팠다. 특히 편두통이 심해서 내 가방엔 언제나 두통약이 한 상자씩 들어 있었다. 심지어 반 친구들이 약이 필요할 때면 나에게 오곤 했었다.

몸과 마음 상태가 좋지 않으니 책상 앞에 앉아 있어도 소용이 없었고 계속 내려가는 성적을 어떻게 해야 할지 몰라서 우왕좌왕 하기만 했다. 그렇게 혼란스럽게 고등학교 1학년을 보내고,

마지막 모의고사에서 최악의 점수를 받았다. 이 공부방법을 알기 전까지 나는 그렇게 힘들고 갑갑한 모습이었다.

그러던 중 텔레비전에서 '지능기공'이라는 프로그램을 보게 되었다. 때마침 겨울방학이라 뭐라도 해보자는 심정, 다시 시작하는 심정으로 선생님이 가르쳐 주시는 지능기공 방법을 해보기 시작했다.

내 경우엔 이미 오래 앉아 있는 습관이 들어 있었다. 때문에 우선 한 시간을 하더라고 효율적으로 공부하는 게 시급했다. 먼저 하루 계획표를 체계적으로 짜는 것부터 시작했다. 오늘 할 과목, 분량을 따로 수첩을 준비해 매일매일 계획을 짜고, 실천한 것을 좋아하는 색깔 볼펜으로 지워 나갔다. 이 방법은 효율을 높여줄 뿐만 아니라 내가 오늘 얼마나 알차게 공부했는지를 바로 볼 수 있기 때문에 하루를 마감할 때 큰 만족감을 주고 의지를 북돋아 주는 효과가 있었다.

특히 나는 수학이 아주 약해서 항상 걱정이었다. 심지어 마지막 모의고사 때는 내가 푼 문제보다 찍은 문제가 더 많을 정도였다. 그래서 나는 수학 선생님을 찾아서 좋은 문제집을 추천받고 겨울방학 내내 그 문제집만 여러번 반복해서 풀었다. 푼 문제는 또다시 풀었는데, 풀리지 않는 경우엔 노트에 정리하고 풀고 다시 풀었다.

처음엔 이런다고 성적이 오를까 하는 회의감도 들었다. 하지만 선생님이 강조한 '할 수 있다'라는 마음가짐을 되새기고 또 되새겼다. 언제나 긍정적으로 생각하면서 겨울방학 동안 묵묵히 계획을 지켜나갔다. 그러다 보니 차츰 공부에 재미가 붙기 시작했고 요령이 생겼다. 머리가 무겁고 어깨가 뻐근할 때에는 지능기공에서 가르쳐 준 동작들을 따라했다. 태극기공은 확실히 효과가 있었다. 두통도 차츰 덜했고 피곤함도 덜했다.

그렇게 겨울방학이 지나고 첫 모의고사에서 나는 40점이 올랐는데, 그중에 수학이 20점이 올라 있었다. 자신감이 생겼다. 이렇게만 되면 뭐든지 해낼 수 있을 거란 생각이 들었다.

가장 성적 향상에 도움이 되었던 것은 아침 등교길에 들었던 '기(氣)'기 담긴 명상 테이프였다. 어수선한 마음을 정리해 주고 상쾌한 기분으로 수업을 시작할 수 있었기 때문이다.

공부하는 데 무엇보다 중요한 것은 집중력이다. 명상은 집중력을 높이는 데 아주 효과가 있었다. 이런 공부법을 계속해 나가다 보니 점점 의욕도 더해지고 한참 공부하다 시계를 보면 세 시간이 지난 경우도 많았다. 그렇게 꾸준히 해나간 결과, 성적은 꾸준히 올라 결국 내가 원했던 연세대에 특차로 합격할 수 있었다.

내가 성적을 올릴 수 있었던 것은 효율적으로 계획을 짜고 꾸준하게 공부했던 생활 패턴 때문이었다. 1학년 때 지능기공을 알지 못했더라면 어떻게 되었을지……. 어쩌면 아직까지 헤매고 있었을지도 모른다.

황소처럼 묵묵히 일하는 자에게 당할 자 없다고 했던가? 나는 이 말을 항상 가슴속에 새기고 있다. 힘들고 지칠 때마다 초지일관 다잡아 주면서 나를 인도해준 선생님께 감사드린다.

마음이 우선이에요

안기준(현재 법무관 과정 연수중)

1999년 2월 서울대 법학과 졸업

나는 모든 수험생에게 의지와 집중력이 가장 중요하다고 말하고 싶다. 아무리 좋은 계획을 세워도 그 계획을 지켜내려는 의지가 부족하다면 그 계획은 쓸데없는 것이다. 그리고 10시간을 책상에 앉아 있어도 집중하지 않았다면 집중하여 1시간 공부하는 것만 못한 것이다.

내 경우엔 공부할 때 주위에서 나는 소리를 듣지 못해 여러 사람들에게서 오해를 사는 일이 많았다. 집중해서 공부하고 있을 때 누군가가 나를 부르면 듣지 못해서 대답을 못했기 때문이다.

이런 나의 집중력은 모두 명상과 태극기공에서 기인한 것이다. 처음엔 태극기공을 통해 그렇게 많은 도움을 받으리라곤 생각지도 못했다. 하지만 지금은 내 생활 속에서 매우 유익한 벗으로서 뗄래야 뗄 수 없는 관계이다.

특히 조금이라도 무리를 하면 기진맥진하는 나로서는 태극기공과 명상으로 약점을 보완하면서 큰 도움을 받았다. 더욱이 끈기와 집중력을 향상시킴으로써, 공부를 보다 밀도 있게 할 수 있는 계기도 마련하였다.

'천재'라는 말이 있다. 흔히들 천재를 태어날 때부터 특출난 재능이나 뛰어난 머리를 가진 사람으로 생각한다. 하지만 공부가 머리만으로 되는 것이 아니라는 것은 고시를 준비해 본 사람이라면 누구나 아는 사실이다. 천재는 태어나는 것이 아니라 만들어지는 것이다. 노력에 의해 완성되는 것이다. 아무리 기타에 뛰어난 재능을 가지고 있었더라도 기타를 잡아보지도 못했다면 과연 그 천재성을 발휘할 수 있을까? 연습 없이 세계적인 기타리스트가 될 수 있을까? 천재라고 불리운 세계적인 러시아 작곡가 차이코프스키는 자신에게 창작은 영감으로써 이루어진다고 말하는 한 젊은 화가에게 이렇게 말했다.

"모두들 나를 천재라고 말하고 있지만, 난 그저 너무나 평범한 사람 중의 한 명일 뿐입니다. 단지 난 열심히 노력할 뿐이에요. 오늘 이 작품을 완성하지 못하면 내일, 모레……. 그렇게 일주일이고 한 달이고 그 작품에 매달립니다. 열심히 노력하는 보통사람이 노력하지 않는 천재보다 훨씬 많은 걸 이루어 냅니다."

차이코프스키의 이 말은 그 젊은 화가의 자서전에서 읽은 것이다. 나 또한 그 화가가 그랬듯이 꽤나 큰 충격을 받았다. 그 후로 매순간, 나 자신이 나약해질 때마다 이 말을 떠올리며 나를 채찍질하곤 했다.

나는 공부에도 관성의 법칙이 적용된다고 생각한다. 하다 보면 꾸준히 계속하게 되고, 한 번 손에서 놓게 되면 며칠이고 하기 싫어진다. 이런 경험은 수험생이라면 누구나 겪어 보았을 것이다. 그럴수록 끊임없이 마음을 다스리며 컨트롤하는 일이 더욱더 중요하다.

나는 약한 몸에도 불구하고 무사히 서울대를 졸업, 고시를 합격했다. 지금은 사법연수원을 마친 상태이다. 나는 다시 한 번 강조하고 싶다. 여기까지 나를 이끌어준 것은 의지와 집중력이었으며 그것을 도와준 것은 바로 명상과 태극기공이라고 말이다. 여러분들도 이 책을 십분 활용하여 나와 같은, 아니 나보다 더 나은 결과를 얻기를 진심으로 바란다.

1단계
성적이 오르지 않는 이유

1. 내적인 준비가 부실하다

有능한 건축가는 기초 공사를 소홀히 하지 않는다. 기초가 약하면 높은 건물을 올릴 수가 없으며 잘못하면 다시 지어야 하기 때문이다. 공부도 마찬가지다. 시작하기 전에 단단한 기본 준비가 되어 있어야 한다. 그것이 갖추어지지 않으면 학년이 오르고 학습량이 많아질수록 점점 힘겨워질 것이다.

여기서 기본적 준비라 함은 영어, 수학 등 과목들의 기초를 말하는 것이 아니다. 물론 그것들을 전혀 무시하라는 말은 아니지만 그것보다 먼저 다져두어야 할 것들이 있다.

성적을 올리기 위해서는 자신에 대한 기본적 이해와 공부에 대한 마음자세 그리고 목표를 향한 의지력과 흔들림 없이 공부를 지속할 수 있는 심신의 조건이 우선 검토되어야 한다. 제대로 공부하기 위해서 그것들이 꼭 필요하기 때문이다. 다시 말해 자기 자신에 대한 통제 조절이 우선되지 않고는 좋은 성적을 얻을 수 없다.

성적, 이제 내 마음대로 한다

시작이 중요하다

'시작이 반이다'라는 말이 있다. 일의 진행에서 시작이 중요함을 뜻하는 말이다. 사실상 일의 성패는 거의가 시작에서 판가름나는 것이 보통이므로 시작이 잘못되면 끝까지 힘이 들게 마련이다. 시작이 잘못되어 노력을 많이 하는데도 제대로 실적을 올리지 못하는 학생들이 주위에 너무나 많다. 시작을 중요하게 생각하지 않았기 때문이다. 잘못된 출발은 만족하지 못한 결과를 부를 수밖에 없다.

여기서 주로 다루어질 것은 공부에 대한 기본적 이해지만 학과 공부도 같은 비중으로 다루어질 것이다. 기본이 되는 공부를 소홀히 하면 나중에 그만큼의 곤란을 치르지 않을 수 없다. 처음에 기초 과정을 착실히 다져 놓지 않으면 나중에 두 배로 애를 써도 따라잡기가 쉽지 않다. 우리 주위엔 시작이나 과정보다 결과만을 중요하게 생각하는 사람들이 너무나 많다. 그런 사람일수록 일이 그릇되고 난 후 크게 후회를 하게 되는데 그때는 이미 돌이킬 수 없게 된 후다.

뒤로 갈수록 공부가 힘들어진다고 말하는 학생들이 있는데 그 이유는 공부의 시작, 즉 기본이 잘못되었기 때문이다. 단순 주입식으로 무작정 공부해서는 응용력이 생기지 않는다. 다시 말하지만 성적을 위해서는 우선 자신에 대한 올바른 이해와 심신의 제어가 필요하며 그리고 나서 능률이 오르는 공부법과 좋은 선생님, 좋은 교재가 준비되어야 한다.

기본적 준비가 되어 있다면 공부는 이미 성공하였다 해도 과언이 아니다. 이미 반 이상을 이룬 상태이기 때문이다. 저절로 의욕이 붙을 것이며 시간이 갈수록 점점 더 공부가 재미있어질 것이다. 그런 경우 성적이 오르는 것은 너무나도 당연한 결과이다.

내적인 조건

준비에서 빼 놓을 수 없는 것은 공부를 바라보는 마음이다. 공부를 바라보는 마음이란 당사자가 공부에 대해서 바르게 인식하고 있는지, 공부에 대한 뚜렷한 목표의식을 지니고 있는지 등등의 마음태도를 말한다. 흔히들 성적이 오르지 않는 이유를 학교나 선생 그리고 친구 등 외부 문제에서 찾으려 하고 있지만 사실상 모든 원인은 내부에 있다.

단순히 성적을 올리는 문제라면 지능, 즉 아이큐가 높고 낮고의 문제는 그리 중요하지 않다. 중고등학교의 교과과정이란 대개가 일률적이며 도식적(圖式的)으로 되어 있으므로 기본만 파악하면 누구나 좋은 성적을 받을 수 있다. 단, 공부하려는 의지와 제대로 된 공부법으로 열심히 노력한다는 전제에서 말이다. 이것은 나에게 거의 믿음처럼 되었다. 그동안 수많은 학생들을 접하면서 누구나 다 기본적인 머리는 가지고 있다는 것을 너무나 잘 알게 되었기 때문이다.

필자는 소위 영재 소리를 듣는 학생들을 많이 만나 보았다. 그러나 나는 그중 극소수를 제외하고 그들을 영재라고 부르는 것에

성적, 이제 내 마음대로 한다

대해서 재고해야 한다고 생각한다. 본인들 스스로도 그런 소리를 듣는 것에 대해 쑥스러워하고 있으니 말이다. 그들은 단순히 시험 성적을 좋게 받았을 뿐이다. 시험 성적이 좋다는 것은 어떻게 시험준비를 하였느냐의 결과이며, 또한 본인이 공부해 둔 문제가 출제되었다는 뜻이다.

초등학교에서 또는 중학교에서 좀 좋은 성적을 얻었다는 것만으로 영재 운운하는 것은 바람직하지 않다. 그런 학생일수록 문제의 유형을 조금만 바꾸어 출제하면 손도 못 대는 경우가 너무나 많기 때문이다. 단순히 외우기 중심의 훈련만 받으면 익히 아는 문제에는 얕은 재능을 발휘하지만, 조금 깊게 생각할 것을 요구하거나 넓은 시각으로 문제간 상호관계를 끌어내는 문제를 만나면 쉽게 포기하고 만다.

이 모든 것은 마음이 제대로 갖추어지지 않은 상황에서 시작부터 단순히 시험 성적 올리는 데만 급급하여 이해보다 외우기 중심으로 공부를 시킨 결과이다. 조만간 우리나라도 선진국형의 교육제도를 받아들이게 될 것이고, 그렇게 되면 그런 학생들은 설 곳이 없어지게 된다. 초등학교와 중학교에서는 다행히 밀어붙이기식 공부법으로 상위를 유지할 수 있겠지만, 고등학교 말기에서부터는 점점 어려워지고 대학에 가면 거의가 공부를 포기할 수밖에 없기 때문이다.

그러므로 나는 내적인 조건이 중요함을 강조하는 것이다. 마음은 그 사람의 주인이며 사람의 일거수 일투족은 모두 그것에 따르게 되어 있다. 우리가 무슨 일을 성취할 때 그 일의 성사는 전적으로 마음의 소관이다. 그 사람의 마음이 그 사람 자신이며 그 사람에게 일어나는 모든 일은 그 사람의 내부, 즉 마음의 조건을 나타내는 것이다.

내적 마음을 장악해야 한다

마음에 대해 누가 모를까마는 보통 사람들이 말하는 마음과 여기서 말하는 마음은 다르다. 보통 말하는 마음은 표면의 마음, 즉 수시로 변하는 혼란된 마음이지만 여기서의 마음은 좀더 깊은 마음, 모든 행동을 일키는 마음, 모든 상황의 근간이 되는 마음이다.

그래서 내가 마음만으론 부족하다고 말하는 것이다. 내적 마음을 장악해야 한다는 것은 그렇게 해야 일을 성취시키는 적절한 행동을 일으킬 수 있기 때문이다. 행동 없이 좋은 결과는 있을 수 없다. 결실은 마음에서 나오는 것이므로 원하는 것을 이루기 위해서는 에너지가 있는, 움직이지 않는 마음이 필요하다. 그러므로 자신을 얼마나 알고 있으며 얼마만큼 자신을 변화시킬 수 있느냐는 그대로 그 사람의 미래가 되는 것이다.

그러나 세상에 자기를 바꾸는 것처럼 어려운 일도 없다. 사람들은 누구나 변화를 두려워하며 습관적으로 과거의 것을 고수하려 하기 때문이다. 자기를 바꾸려면 과감한 용기와 자기와 싸워 이기는 힘이 필요하다. 그것이 없다면 아무리 공부법이 좋고 선생을 수없이 바꾼다 할지라도 성적은 오르지 않을 것이다.

내가 이 책을 쓰는 것은 변화를 촉구하기 위함이다. 이 책은 단순히 성적만을 올리기 위한 책이 아니다. 이 책은 당신의 미래를 당신이 원하는 바대로 만들어 주는 책이다. 이 책을 읽고 그대로 따른다면 안정적이고 밝은 미래가 당신의 것이 된다. 이 책으로 인해 당신이 변화되면 공부에 새로운 느낌이 생길 것이며 새로운 힘이 내부로부터 이끌어질 것이다. 그렇게 될 때 성적이 오르는 것은 너무나 확실하다. 이 책을 발견했다는 것 그리고 지금 이 글을 읽는다는 것이 곧 성적 향상으로 직결된다고 믿어도 좋다.

여기서 우리는 나 자신을 위한 확실한 결정을 해야 한다. 그저 여태까지 해오던 대로 유지할 것인가? 아니면 다소 힘들겠지만 자신을 변화시켜 기필코 성적을 쑥 올려놓고 말 것인가? 어느 길을 택할지는 전적으로 자기 자신에게 달려 있다. 성적을 올려야 할 사람이 바로 당신 자신이며 그 누구도 대신해 줄 수 없는 일이기 때문이다.

무슨 일이 있어도 꼭 성적을 올려야 한다고 결정했다면 지금 당장부터 나의 조언에 충실히 따라주기 바란다. 나는 약속할 수 있다. 만약 당신이 내가 지시하는 대로 단 3개월만 따라와 주어도 틀림없이 원하는 것 이상의 성적 향상을 보게 된다는 것을 말이다.

먼저 자신과 깊은 대화를 나눠라

결정에 앞서 먼저 해 둘 일이 있다. 자기 자신과의 대화이다. 먼저 자신에 대한 확실한 파악을 해야 하기 때문이다. 나의 미래에 대한 나의 기대치, 즉 어떤 사람이 되고 싶은지, 어느 정도로 만족하고 살 것인지 진지하게 자신의 속마음을 알아야 한다. 그러면 자연스럽게 어떤 마음을 먹고 어떻게 행동할 것인가가 결정난다.

만약 나의 미래의 모습에 대학진학이 그리 중요하지 않다면 문제는 간단하다. 대학 진학을 포기하고 지금부터 자신이 하고 싶은 일을 하면 된다. 그때부터는 성적을 걱정할 이유가 전혀 없다. 주위의 간섭을 받을 필요도 없고 누가 뭐라 하든, 선생님과 부모님이 반대를 하든 말든 개의치 말고 밀고 가면 된다.

그러나 대학진학이 꼭 필요하다면 문제는 다르다. 지금 그것에 맞춰 자기 자신을 재조정해야 한다. 나의 생각과 행동, 이 모든 것을 검토하고 모든 것을 그 방향으로 바꿔야 한다. 지금처럼 해서

는 내가 원하는 대학에 가기가 어렵기 때문이다. 나의 하루일과, 학교생활, 공부방법, 취미, 교우관계, 그것들 모두를 바꿔야 한다. 그것이 그대로 나의 미래가 될 것이기 때문이다. 자신을 모르고는 절대로 이길 수 없다. '너 자신을 알라!' 는 말은 아무리 들어도 부족한 명언이다. 세상에 자신을 아는 것보다 중요한 일은 없다.

우리가 가장 관심을 가져야 할 사람, 가장 고민해야 할 사람은 자기 자신이다. 나 자신이 먼저 행복해야 하기 때문이다. 그러나 사람들은 타인에 대한 관심에 비해 오히려 자기 자신에게 무관심한 경향이 있다.

성공을 원하는 사람이 자신을 분명히 알았다는 것은 이미 반 이상 성공한 것이다. 나를 먼저 알고 적을 알아야 승리한다고 했다. 그러므로 이기기를 원하는 사람이라면 먼저 자기 자신부터 확실하게 분석할 수 있어야 한다. 그래야 어떤 노력을 어떻게 해야 하며 주위로부터는 어떤 도움을 받아야 하는지를 정확히 알 수가 있다. 알지 않고는 상대를 이기지 못한다. 모르는 것은 자기 자신에 대한 죄악이다.

문제는 내면에 숨어 있다. 고로 문제 해결도 내면에 있다. 그러므로 내면에 관심을 갖지 않고 외부만 다스려서는 도저히 찾아낼 수도 해결할 수도 없다. 더구나 무조건적 주입식으로는 어떤 문제도 해결할 수 없다. 지금부터라도 찬찬히 내면을 살피고 내면을 움직일 궁리를 하자. 내면을 움직이지 못하면 그 무엇 하나도 해결할 수가 없기 때문이다. 가장 기본적인 것부터 바로잡아 나가야 한다.

2. 선생만 있고 스승이 없다

효과적인 공부를 하기 위해서는 스승이 필요하다. 그러나 유감스럽게도 우리에게 스승은 없는 것 같다. 스승이 있기 위해서는 제자가 있어야 하는데 제자가 되려고 하는 학생이 거의 없기 때문이다. 제자가 무엇인지를 제대로 아는 사람마저도 매우 드문 형편이다.

흔히들 선생이 스승이고 학생이 제자이지 무슨 소리냐 하겠지만, 선생과 스승은 다른 것이며 학생과 제자 역시 전혀 다르다. 제자가 없다는 것은 학생만 있다는 것이고, 스승은 없고 단순히 지식의 전달자만 있다는 의미가 된다.

스승이란 단순한 지식의 전달자가 아니다. 또한 단순히 지식을 전달받는 것만으로 제자가 될 수가 없다. 옛날부터 군사부일체(君師父一體)라 하였다. 스승과 제자 사이는 지식을 주고받는 관계를 넘어선 보다 더 큰 의미가 있는 것이다.

제대로 된 교육을 위해서는 스승이 필요하다. 그러기 위해선 제자가 있어야 한다. 단순한 지식을 주고받아서는 우리의 미래를 장담할 수 없다. 그렇게 만들어지는 세상은 당연히 얕은 지식이 판치는 세상이요, 더 이상 지혜를 말할 수 없는 세상이 될 것이기 때문이다.

세상에 스승과 제자처럼 아름다운 것은 없다. 그러므로 아름다운 세상을 위해 스승과 제자의 관계는 반드시 회복되어야 한다. 다소 고리타분한 생각이 들더라도 절대적 존경을 받는 스승 그리고 자신을 낮추고 무조건 따르는 제자의 관계가 시급하다. 그렇게 될 때 우선은 최대의 학습능률을 얻을 수 있고 나아가 장차 다가올 세상을 바람직한 세상, 지혜의 세상, 진리의 세상으로 만들 수 있기 때문이다.

제자가 되어라

자신의 실력을 과신한 나머지 교만해진 학생을 심심치 않게 본다. 그들은 스승을 신뢰하지 않으며 심지어 무시하려는 학생들도 상당수 있다. 그런 학생은 제자가 아니다. 그러므로 스승의 진실한 도움을 받을 수 없다. 스스로를 그렇게 만들었으므로 기계적인 선생과 함께 기계적인 학생이 되어 시효 지난 지식의 창고가 될 수밖에 없다.

대개 그런 학생들은 자기 자신이 누구인지 모르고 있다. 아니 알려고 하지 않는다는 말이 더 맞을 것이다. 그런 짓은 스스로 만물의 영장임을 포기하는 것이며 자신을 순간순간 변하는 지식의 노예로 만드는 것이다. 그것이 자신에게 얼마나 해로우며 얼마나 큰 불이익인지도 모르는 채 말이다.

좋은 스승을 만나기 위해서는 스스로 먼저 제자가 되어야 한다. 내적으로 스스로를 제어하여 좋은 제자가 되려고 한다면 좋은 스승은 자연스럽게 나타나 내가 필요한 모든 것을 충족시켜 준다.

스승을 구하라

세상에 좋은 스승을 만나는 것보다 더 큰 행운은 없다. 그는 나를 무지(無知)로부터 깨어나게 해주는 사람이기 때문이다. 그는 나를 혼란으로 부터 구해주는 은인이다. 당장 나의 스승이 되어줄 사람을 만나자. 좋은 스승이란 나를 이해하고 있어서 나에게 맞는 제대로 된 공부방법을 지도해 줄 수 있는 사람이다.

찾으려고만 한다면 스승은 언제나 가까이에 있다. 가장 쉽게 생각할 수 있는 사람은 담임 선생님이며, 각 과목의 선생님들도 청하기만 가면 언제나 도울 준비가 되어 있다. 직접 말하기가 힘들다면 자신에 대한 문제점과 공부 진도를 상세히 적어 선생님에게 드릴 수 있다. 한 번 용기를 내어 그렇게 해보라. 틀림없이 효과적인 해결책을 주실 것이다. 또한 생각보다 자신의 성품이나 과목별 성취도를 잘 알고 있음에 놀랄 것이다.

선생님을 통해 얻을 수 있는 것은 다양한 문제풀이도 있지만 더욱 값진 것은 제대로 공부할 수 있게 도와주는 충고이다. 문제가 복잡하면 여러 차례에 걸쳐서라도 그의 조언을 경청하고 그의 감독을 받아야 한다. 더러는 문제가 엉켜 있을 수도 있기 때문이다.

그로부터 받은 것은 평생을 두고 잊지 못할 귀중한 보물이 될 것이다.

또한 부모님을 비롯하여 주위의 일가 친척 그리고 친한 친구 중에 도움을 청할 사람이 있을 수도 있다. 어떤 경우는 오히려 친구가 스승역을 맡을 수도 있다. 서로 비슷한 처지에 있으므로 서로를 더 잘 이해할 것이기 때문이다. 서로 마음을 털어놓고 의견을 나누다 보면 서로가 의식하지 못하는 사이에 많은 것을 주고받을 수 있다.

주위를 살펴 보면 모든 면에 적은 노력으로 큰 성과를 거두는 친구들이 있다. 예를 들면 시험기간에도 넉넉히 잠을 자면서 언제나 좋은 점수를 따내는 친구 말이다. 그런 친구는 나름대로 공부의 맥을 알고 있다. 대부분 이런 친구는 남들이 소홀히 하는 것에 관심을 기울이며 늘 넉넉한 마음을 가지고 있다. 외우기보다 이해를 우선으로 한다. 독서 속도도 빠르고 남다르게 교양 서적도 많이 본다. 그런 친구를 스승으로 삼으면 어떨까?

도움을 청할 때는 반드시 겸손해야 하며 모든 것을 그에게 맡긴다는 자세여야 한다. 그리고 자신의 문제를 그가 명확히 알도록 상세하게 알려야 한다. 또한 그를 전적으로 신뢰해야 한다. 스승은 내가 가진 문제의 해결능력을 가진 전문가이며 모든 면에 나보다 우월하다는 것을 믿어야 한다. 그런 후 진심으로 도움을 청하면 반드시 문제들의 해결책을 얻을 수 있을 것이다.

우리는 아직 나이가 어리고 경험이 충분치 못하다. 그러므로 모든 것을 혼자 해결하기보다는 믿음이 가는 스승의 도움을 구하는 것이 매우 현명한 행동이다. 그의 무등을 타고 높은 곳에 올라 큰 세상을 볼 수 있기 때문이다. 누군가 도움을 청할 사람이 있다는 것, 그것 하나만으로도 충분히 행복해질 수 있다. 세상에서 훌륭한 스승을 만난다는 것보다 좋은 일은 없다.

그를 전적으로 따른다

일단 스승을 만나면 나 자신을 그에게 전적으로 맡기고 우직하게 그의 지도를 따라야 한다. 그가 시키는 대로 숙제를 많이 내주면 아무리 힘들어도 우직하게 하고, 예습을 하라면 하고, 놀라면 놀고 자라면 자겠다는 심정으로 그의 말을 따라야 한다. 나의 의견은 그의 지도가 끝난 이후로 미루어도 늦지 않다.

그가 세세하게 문제풀이를 모두 해줄 것을 기대하지 말라. 진정으로 훌륭한 스승은 제자가 할 일을 대신 해주지 않는다. 언제나 한 발 떨어져서 제자 스스로가 문제해결하는 모습을 지켜보며 제자 스스로가 깨우칠 때까지 기다리는 인내심이 있다.

우리 문제의 대부분은 내면과 연관된 문제들이다. 내면세계는 겉으로 보이는 것이 아니기 때문에 세심한 주의를 기울이지 않으면 즉시 납득이 되지 않을 수도 있다. 그의 지도방식이 언제나 옳다고 생각하라. 의견이 있으면 지도가 모두 끝난 후 조심스럽게 말해야 한다. 그의 말을 가로막지 말아야 한다.

물론 개성에 따라 설명이 능하지 못한 스승도 있지만 문제를 분

명하게 전달했다면 해결의 핵심을 그르칠 리는 만무하다. 행여라
도 그를 의심치 말라. 그가 해결해 줄 것을 믿고 따르라. 도움을
주려 하는 사람을 인정하지 않는 것은 도움을 받지 않겠다는 뜻이
다,

3. 공부에 관심이 없다

왜 공부를 해야 하는지 깊이 생각해 본 적이 있는가? 많은 학생들에게 물어 보았다. 그러나 그들은 거의가 그런 것에 관심이 없었다. 관심조차 없으니 공부에 대한 의미가 무슨 소용이 있을 것인가. 그들은 그저 어른들이 시키는 대로 따르는 착한 학생 시늉을 할 뿐이다.

그들에게 "공부는 왜 하는가?" 하고 굳이 물으면 시큰둥하게 "공부는 해야 하는 거니까, 그래도 좋은 대학에는 들어가야 하니까" 정도이다. 그저 귀찮다는 것이다. 이래서는 공부가 제대로 될 리가 없다. 대부분의 학생들이 그렇다. 그리고는 마치 로봇처럼 학교에서 학원으로 그리고 독서실로 다람쥐 쳇바퀴 돌 듯 하루하루를 보낸다.

왜 공부를 해야 하는지를 모르면서 성적이 오를 수는 없다. 위에서 말했듯 대부분의 학생들은 이것에 대해 별로 생각해 본 적이 없다. 아니 생각하고 싶지 않다고 하는 것이 더 맞을 것이다. 그럴 시간이 있으면 영어단어라도 하나 더, 수학공식이라도 하나 더 외우는 것이 더 이익이라고 생각하기 때문이다. 그러나 그런 지식은 죽은 지식이다. 그런 지식은 자신의 것이 될 수 없기 때문이다. 그러하니 공부가 힘든 것은 너무나 당연한 일이다. 자신의 것도 아닌 것을 억지로 쑤셔 넣으려 하니 권태감만 생기지 않겠는가?

성적을 올리려면 우선 공부와 친해야 한다. 공부야말로 내가 원하는 모든 것을 줄 수 있는 가장 유익한 친구임을 알아야 한다. 친하기 위해선 내가 먼저 공부를 좋아해야 한다. 그러면 공부는 반드시 성적으로 보답한다. 자기를 좋아하는 사람을 좋아하는 것은 자연의 이치이다. 또한 공부를 단순히 목적 달성을 위해 이용할 수단으로만 생각해서는 안 된다. 그런 이해관계는 오래가지 못한다. 우선 공부에 대한 깊이 이해가 필요하다. 그것이 공부와 친할 수 있는 첩경이다. 그러면 그 친구관계는 영원히 지속된다.

대부분의 아이들이 공부와 친하지 않은 이유는 타의에 의해서 질질 끌려다니는 공부를 해왔기 때문이다. 개중에 심지어는 공부를 원수처럼 생각하는 학생들도 있다. 그런 학생일수록 대학을 가면 공부를 집어던질 것이다라고 속으로 벼르고 있다. 그런 상태에서의 공부는 공부라 할 수 없다. 그렇게 하여 어떻게 안정된 성적을 만들 수 있는가?

고등학교 과정은 공부의 문을 여는 단계이다. 그래서 지금의 단계가 중요하다. 정말 필요한 것은 그 이후부터이다. 지금 당장 공부와 좋은 관계를 만들지 않는다면, 대학에 가서는 점점 더 힘들어질 것이고 결국은 공부를 놓게 된다. 지금 공부와 친해야 한다. 지금부터라도 공부와 친할 수 있도록 공부가 좋아할 수 있는 자신의 조건을 만들어야 한다. 그것이 성적을 올리는 최우선의 일이다.

공부란 무엇인가?

대부분의 학생들은 "공부란 무엇인가?"라는 나의 질문에 선뜻 대답하지 못한다. 오히려 외래어를 듣는 것처럼 의아해 한다. 왜냐하면 여태껏 그것을 생각해 본 적이 없기 때문이다. 그러면서도 주위로부터 귀가 닳도록 들어온 것은 공부, 공부뿐이었고, 그냥 그럴 뿐 공부에 대한 구체적 정리는 없는 상태이다. 아는 것도 같고 모르는 것도 같고 그런 상황에 질문을 턱 받으니 당황할 수밖에…….

어떤 학생은 "시험을 잘 보는 것이 공부지 뭐 별다른 것이 있느냐"고 간단히 답한다. 국 · 영 · 수만 열심히 머릿속에 심으면 되었지 공부가 무엇인지는 알아서 도대체 무슨 소용이 있는가라고 되묻기도 한다. 공부가 무언지 알 필요가 없다면 도대체 매일같이 공부하라는 부모나 선생 그리고 그것에 따라 움직이는 학생들은 지금 무슨 짓을 하고 있는 것일까? 의심스럽지 않을 수 없다.

공부가 무엇인지 모른다면 공부를 왜 해야 하는지는 자연히 모를 것이고 왜 성적을 올려야 하는지도 역시 막연할 수밖에 없다. 그런 상태라면 공부가 점점 싫어지고 성적이 뚝뚝 떨어지는 것이 오히려 당연한 일이고 성적이 오르는 것이 비정상적이지 않을까?

초등학교 시절엔 말을 잘 듣는 착한 아이가 되고 싶어서 부모의 요구에 따라 열심히 하고, 중학교에 가서는 습관적으로 과목들을 머릿속에 채워 갈지도 모른다. 그러나 그 무작정의 열기가 가시고 스스로를 찾게 되는 변화가 있게 될 즈음이 되면 기계적으로 움직여 왔던 그동안의 일들에 회의가 생긴다. 공부의 의미가 확실치 않기 때문이다.

공부란 것이 국어, 영어, 수학 이상 무엇이 있단 말인가? 그리고 시험을 잘 보는 것이나, 일류대학에 가는 것 이상 무엇이 있는가? 하고 쉽게 생각하지 말기를 바란다. 공부가 무엇인지 그리고 이것과 나와의 관계에 대해 진지하게 고민해 보는 시간을 가져야 한다. 또한 그것과 타인과의 관계, 외부와의 관계에 대해서도 여러 각도로 생각해 보아야 한다. 여태까지 해왔던 방식대로 대강 생각하고 다음으로 넘어가려 해서는 안 된다. 그런 식으로는 문제해결을 할 수가 없다. 우리는 꼭 성적을 올려야 하기 때문이다. 우리가 원하는 것은 실질적인 문제해결이다.

공부 – 내면의 보물을 찾는 시도 ▶ 유사 이래 오랜 세월 동안 인류가 공부에 매달려 온 이유는 무엇일까? 우리가 공부를 성취한 사람을 존경하고 따르는 이유는 무엇일까? 과연 수천 년을 이어오며 인류가 해온 공부의 궁극적 목표는 무엇일까? 그리 간단치는 않다. 그러나 심각하게 생각해 볼 일이다.

공부는 우리의 내면에 있는 값진 것들을 끌어내기 위한 훈련이다. 우리 인간은 그 한계가 어디까지인지 모를 정도로 무한한 가능성을 지니고 있다. 우리가 태어나서 사는 이유는 그 신비의 것을 찾고자 함이다. 공부가 필요한 것은 아직 드러나지 않은 가능성들을 하나하나 확인시켜 그 가능성을 자신의 것으로 만드는 것이다. 이것은 자기의 확인이며 그것이 공부의 목표가 된다.

그렇게 하기 위해서는 오랜 기간 절제와 노력이 필요함은 두말할 것도 없다. 다소 귀찮고 힘들 수 있으며 여러 가지 장애가 있을 수도 있다. 그러나 그것이 괴로움만이라고는 생각지 말자. 그것을 얻어 가는 과정에서 오는 만족감과 즐거움도 만만치 않기 때문이다. 그 내면의 보물은 모든 것을 이루는 힘이 된다. 과학이나 예술 등 인간이 성취한 모든 업적들과 우리가 누리는 문명의 이기들이 모두 그것으로부터 나왔다. 고로 그것을 찾는 것이 인간으로 태어난 의무이며 권리라 할 만하다. 인간은 마땅히 그것을 통해 삶의 의미를 발견할 것이기 때문이다.

공부 – 자기를 밝히는 작업 ▶ 세상에서 가장 소중한 것은 자기 자신이며 우리 삶의 의미는 자신의 실체를 밝히는 것이다. 그 밝히는 작업을 통해 우리는 진정한 만족과 자유를 회복할 수 있으며 공부가 그것을 담당한다. 우리가 공부를 중요시하는 이유는 거기에 있다. 우리는 수정처럼 맑은 존재들이지만 실체를 모르는 상태에서는 때가 묻어 흐려져 있는 거울이라 할 수 있다. 그렇게 되면 세상이 흐리고 찌그러져 보이고, 늘 불만족스런 삶을 살 수밖에 없다. 나 자신의 실체를 모르고 있기 때문이다.

삶의 의미는 재물을 많이 모으는 것에도, 권세를 쟁취하는 것에도 있지 않다. 제대로 된 공부를 하지 않으면, 그래서 자신을 제대로 밝히지 못하면 무지한 삶을 살 수밖에 없다. 당연히 공허하고 불만스런 삶이 된다. 이것이 누구에게나 일어나는 일이라는 사실은 신문을 통해 세상을 둘러보면 대번에 알 수 있다. 그것은 제대로 된 공부를 안 하고 지식의 축적에만 애를 쓴 나머지 생겨난 결과이다. 내면세계가 밝혀지지 못한 상황에서는 아무리 많이 가져도, 아무리 지위가 높아져도, 그저 탐욕만이 끓을 뿐 전전긍긍하는 삶을 살 수밖에 없다.

진정한 자신의 모습을 보지 못하고 사는 것을 무지(無知)의 삶이라 한다. 대학을 졸업하였든 박사학위를 가지고 있든 자신의 진면목을 밝히지 못했다면 무지의 삶일 수밖에 없다. 이것을 바르게 이해해야 한다. 자신을 확연히 밝혀서 세상의 억압에 휘둘리지 않으며 가치 없는 허상들을 무시할 수 있을 때 본연의 자기 모습을 보게 되는 것이다. 그렇게 자신의 본 모습을 확연히 깨우칠 수 있어야 진정으로 만족스럽고 행복한 인생을 살 수 있게 된다.

우리의 잘못된 시각은 세상의 현란함에 쉽게 현혹되므로 자기의 본 모습을 보려 하지 않는 경향이 있다. 그렇게 시각이 고정되어 버리면 죽을 때까지도 자신의 실체를 보지 못한 채 살아갈 수밖에 없다. 그것은 자신이 누군지 또한 진정한 만족이 무엇인지 모르고 사는 것이며 그것은 우리를 고통 속에서 꿈처럼 살게 한다.

제대로된 공부가 중요한 이유는 우리를 무지에서 깨어나게 하여 진정한 자기자신을 만나게 해주기 때문이다. 그렇기 때문에 우리는 지혜를 얻은 사람을 믿고 따르는 것이며, 공부에 힘써야 함은 바로 그러한 이유이다. 공부의 기초를 만드는 지금 이 때야말로 중요하고도 중요한 시기이다. 지혜의 기초를 놓는 시기이기 때문이다.

선각자의 가르침에 의하면 우리는 지금 우리가 생각하는 것보다 훨씬 훌륭한 존재들이다. 그러므로 이렇게 의미 없이 고생하면서 살 이유가 없다. 그것을 알아야 한다. 그런데 무슨 일인지 사람들은 자신에 대해 알려고 하지 않는다. 우리는 자신이 왕자인지를 모르는 거지와 같다. 아니 자신이 왕인지를 모르는 노예와 같다는 것이 더 맞다. 무지함으로 어두워져 머리가 마비되어 버렸기 때문이다.

공부가 우리의 진정한 모습을 찾아내는 최선의 길이라 했다. 겉의 때가 닦여야 속때가 드러나고 속때가 닦여져야 본 모습이 드러나듯이 단계적인 공부로 자기를 닦아감으로써 정말 만족할 만한 우리의 진면목(眞面目)을 만나게 된다. 그러므로 지금의 과정이 그 어느 공부보다도 중요하다. 그것이 기초가 되어 빛나는 자신의 실체를 만나는 계기가 될 것이기 때문이다. 그것은 영구히 부족함이 없는 만족의 시작이다.

왜 중고교 시절이 중요하다고 하는가?

공부라 하면 글로 되어 있는 교과서나 참고서를 반복해 익혀서 내 것으로 만드는 것이라고 쉽게 생각할 수 있으나 그것은 공부의 전체를 모르는 것이다. 실로 공부의 영역은 넓고도 다양하다. 시대에 따라서 장소에 따라서 각기 다른 공부가 있어 왔다. 원시시대와 삼국시대의 공부가 다르고 고려시대와 조선시대의 공부가 달랐다. 한국에서 하는 공부와 인도의 공부, 미국의 공부와 러시아에서 하는 공부가 다르며 또 그 가짓수 역시 셀 수 없을 정도로 많다. 그 모든 것들의 정점은 바로 자기를 아는 것이며 그중 가장 중요한 공부가 지금 우리가 하는 중등과정의 공부이다.

혹시 쿵푸(Kung Fu)라고 들어 보았는가? 중국식 무술(武術)을 가리키는 말인데 격투기나 검술, 창술이 그것에 속한다. 그 말은 공부(功夫)의 중국식 발음이다. 과거 중국에서는 격투기가 어떤 공부보다 우선했기 때문이다.

우리가 살아가며 배울 수 있는 모든 것들이 다 공부다. 공부는 마음으로 하는 것, 머리로 하는 것, 몸으로 하는 것, 그 외 여러 가지로서 그 방법들도 너무나 다양하다. 농사를 짓는 것이 공부며 집을 짓는 것도 기계를 만드는 것도 공부이다. 장삿술을 배우는 것도 공부며 고기를 잡는 것도, 사냥을 하는 것도, 군사훈련을 받는 것도 모두 다 공부다. 그리고 그 모든 것들의 중심에 중등교육이 있다. 그러므로 중등교육이 제대로 이루어지지 않으면 앞으로 올 그 모든 공부들을 제대로 소화해 낼 수 없다.

공부에 대한 열정을 불러일으켜야 한다

공부를 하는 데는 자신의 욕망을 절제하는 어려움도 있지만, 그것을 통한 남다른 기쁨도 있는 법이다. 역사상 훌륭한 업적을 남긴 사람들의 특징은 모두가 공부를 열심히 했다는 점인데, 그들은 나름대로 공부 속에서 재미를 발견했기에 남다른 공부가 가능했던 것이다. 아무리 의지가 강한 사람이라 해도 재미없는 일을 지속 할 수는 없다. 재미없는 일을 억지로 계속한다는 것은 마땅히 한계가 있으며 그런 식으로 결코 좋은 결실을 얻을 수는 없다. 성적을 올리려면 우선 공부에 재미를 붙여야 한다. 그래야 능률이 오를 것이기 때문이다.

습관이 그렇게 되지 않아서 그렇지 지금까지 모르던 사실을 새롭게 깨우치는 기쁨도 결코 작은 즐거움은 아니다. 그런 깨우침으로 인해 산만하기만 했던 지식과 주위의 사물이 질서가 잡히면서 나 스스로 그것들을 통제·조정할 수 있을 때 느끼는 뿌듯한 감정은 말로 표현할 수 없을 정도이다.

성적, 이제 내 마음대로 한다

공부를 항상 어렵고 힘든 것이라고 생각해서는 성적을 올릴 수 없다. 성적을 올리려면 공부가 재미있어야 한다. 공부를 통해 인류 역사상 존재했던 수많은 천재의 발자취를 좇아 그들이 이해했던 것을 하나하나씩 깨우쳐 나가는 재미는 무엇과도 견줄 수 없는 삶의 기쁨이다. 이것은 단순히 그들이 우리에게 알려주는 새로운 지식을 얻는 것 이상을 의미한다. 이것은 그들이 해 놓은 것을 물려받아 그것에 안주하는 것이 아니라 다시 새로운 것들을 밝혀 갈 수 있는 힘이며 영원한 번영을 위한 초석이 된다.

학교 공부와 사회생활은 다르지 않다. 그러므로 학교에서 공부를 제대로 하지 못하면 사회에서, 직장에서 제대로 인정받기 어렵다. 학교 공부가 사회생활의 뿌리가 되기 때문이다. 세상의 모든 것은 때가 있다. 서 있을 때가 있으면 앉을 때가 있고, 놀때가 있으면 공부할 때가 있다. 지금은 열심히 공부할 때다. 지금 해야 할 일을 제대로 하지 않고 뒤로 미루면 장차 큰 후회를 피할 수 없다.

성적을 올리려면 제대로 된 공부법으로 각 과목의 핵심을 파악해야 한다. 그것이 바로 경쟁에서 이기는 길이다. 기계적인 떠먹이기식 공부법에서 빨리 뛰쳐나와 스스로 공부하는 습관을 기르도록 하여야 한다. 공부의 참 의미를 깨우치려 힘을 쏟을 때 공부가 자연스럽게 재미있어진다.

공부를 열심히 하는데 성적이 오르지 않을 수는 없다. 만일 그런 일이 있다면 앉아서 시간만 보내고 제대로 공부를 하지 않은 것이다. 공부 역시 양보다는 질이다. 양질의 공부는 자신의 공부다. 타인의 강요에 의한 것이 아니다. 타의에 의한 공부로 는 실적을 오르게 할 수 없다. 스스로 내면에서부터 공부의 열정이 솟아나야 양질의 공부라 할 수 있다.

공부가 무엇이며, 왜 공부를 해야 하는지를 정확히 이해하고 그것에서 스스로 내면의 힘이 붙어야 능률이 오르는 공부를 할 수가 있다. 단순히 부모님 눈치보느라고 무조건 열심히 공부하는 척 하는 수험생이 되어서는 안 된다. 공부는 본인이 절실하게 느껴서 해야 한다. 스스로 하지 않고 주위의 압력에 못 이겨 하는 공부를 해서는 안 된다.

집중만 제대로 할 수 있다면 공부 장소는 그리 중요하지 않다. 그리되면 버스나 전철 안도 훌륭한 공부방이 될 수 있다. 공부에 분위기가 그리 중요하지는 않다. 독서실을 가면 분위기가 좋아 공부가 잘된다는 학생들이 있는데 그곳엘 가도 마음이 들떠 친구들과 어울릴 것이나 생각하고 모여서 잡담이나 나눈다면 성적이 오를 리 만무하다.

성적, 이제 내 마음대로 한다

4. 집중력이 약하다

결론은 집중력의 향상이다. 집중하여 공부할 수만 있다면 성적은 자동적으로 오를 것이기 때문이다. 공부를 잘하는 사람은 원래 집중력이 있는 사람이고, 공부 못하는 사람은 집중력을 타고나지 못했다고 생각하는 사람이 많지만 사실은 그렇지 않다. 사람은 누구나 자신이 관심을 가진 것에 자연스럽게 집중한다. 그러므로 관심을 이끌어 내기만 하면 자연히 집중력은 붙게 되어 있다. 우리는 누구나 집중력의 가능성을 가지고 있다. 누구나 집중력을 타고났기 때문이다. 그 요령이 문제일 뿐 제대로 노력만 하면 얼마든지 개발할 수 있는 것이 집중력이다.

눈으로만 해서는 안 된다

제대로 공부가 되기 위해서는 머리, 즉 두뇌가 작동되어야 하며 오래 기억하려면 뇌세포에 깊이 새겨져야 한다. 책에 눈을 두고 있다고만 해서 열심히 공부하는 것이 아니라는 것은 스스로가 알 것이다. 눈으로만 하는 공부는 공부가 아니다. 그것은 단순한 시간 낭비이다. 공부하는 자신을 늘 지켜볼 수 있어야 한다. 대부분의 경우 자신이 무엇을 하고 있는지도 모르면서 책상에 앉아 있는 경우가 너무나 많기 때문이다.

공부는 온몸으로 해야 한다. 심신의 통일을 이루어 공부해야 성적이 오른다는 말이다. 집중이 되지 않은 가운데 눈으로만 읽어가는 공부는 헛일이다. 그것이 지금은 어렴풋이 이해한 듯해도 내일 바로 사라져 버릴 것이기 때문이다. 대개 공부에 열의가 없는 사람일수록 눈으로 대강 대강 훑어가며 공부하는데 그런 공부법은 당장 바꿔야 한다. 성적을 올리려면 뇌에 새겨지는 공부여야 한다. 머리에 쏙쏙 박히는 그런 공부법을 찾아내야 한다.

뇌세포에 깊이 새겨야 한다

공부도 사업도 모두 집중력에 있다는 것에 누구나 동의한다. 단지 사람에 따라 그 집중력을 달리 표현할 뿐이다. 어떤 사람은 집중력은 흥미에서 생긴다고 하며, 어떤 사람은 강한 의지에서 생긴다고 한다. 어떤 이는 집중력은 재능의 차이고 선천적으로 주어질 수 있다고 하고, 어떤 이는 후천적이기는 하나 어릴 때부터 키워지는 것이라고 한다.

집중력은 훈련을 통해 키워지는 것이다. 어떤 사람은 선천적으로 강력한 집중력을 가지고 태어났을 수 있다. 그러나 그것은 그 사람의 일이다. 무엇보다 중요한 것은 나의 집중력이다. 혹 자신의 집중력이 약하다 생각되도 실망하지는 말자. 지금부터 하면 만들면 되기 때문이다.

집중력만 있으면 공부에서 시간적 양은 중요하지 않다. 입시를 준비하는 고등학생이 아무리 잠을 자지 않고 열심히 공부해도 남보다 2배 이상 많은 시간을 공부하는 것은 불가능하다. 그러나 질적인 차이가 매우 크면, 이야기는 다르다. 즉 같은 시간 공부를 하면서도 10배, 20배 효과를 낼 수 있다면 승부는 일찌감치 결정난 것이 아닐까?

누구나 바뀔 수 있다

집중력은 마음을 이용하여 개발한다. 대부분의 사람들이 자신의 관심 부분에 대해서는 비상한 집중력을 보이기 때문이다. 기억력 문제로 다른 것은 챙기지 못하는 사람이 이상하게도 전화번호만은 잘 외우는 경우가 있다. 그쪽으로 개발시켰기 때문이다. 고객의 이름을 잘 기억해야 유능한 영업사원이 된다. 필자의 단골 택시회사 직원은 몇 달 만에 전화를 해도 즉시 필자의 목소리를 알아본다. 그것이 자신의 관심사이기 때문이다.

필요가 집중을 부르고 그것이 기억력으로 직결되는 것은 모든 분야에서 공통적인 사항이다. 흔히 프로 기사들은 자신이 두었던 바둑을 바둑판에 다시 놓을 수 있으며 운동선수들은 자신의 경기내용들을 모두 기억한다. 학창시절 때 매우 산만한 학생이었던 필자의 친구가 하나 있다. 그러나 배우가 된 지금은 도사소리를 들을 정도로 대사를 잘 외운다. 우리가 외우면 몇 달 걸릴 대본을 한 번 척 보고 외워 버릴 정도이다. 실로 놀라운 일이 아닐 수 없다.

문제는 내적인 조건 즉 자기의 관심사에 있다. 그것이 엄청난 집중력을 발휘하는 원동력이 된다. 집중력이 없으면 하루 종일 책상에 앉아 잠시도 책에서 눈을 떼지 않고 열심히 공부를 해도 헛수고이다. 생각이 다른 곳으로 흐르기 때문이다. 성적 향상은 모두가 집중을 어떻게 하느냐에 달려 있다. 그저 종이에 써진 글씨를 지나가듯 훑어서는 하나도 머리에 남지 않기 때문이다. 성적을 올리려면 글의 내용이 머리에 분명하게 새겨져야 한다.

집중력 — 바른 마음 다지기, 체력과 에너지의 안배

무슨 일이든 오랫동안 열심히 하면, 기술과 요령이 늘게 마련이듯 집중력도 훈련으로 크게 향상시킬 수 있다. 또한 하면 할수록 능력이 향상되어 나중엔 기적 같은 일도 종종 일어난다. 스치듯 읽은 것이 필요를 느끼면 마치 모니터에 나타나듯 선명하게 떠오르기도 한다. 믿어지지 않겠지만 경험해 보지 못한 사람은 결코 경험해 본 사람을 이해할 수가 없다. 무엇이나 본인 스스로 경험해 보아야 한다.

집중력은 그냥 머리로만 이루어지는 것이 아니다. 바른 마음 다지기와 체력 그리고 에너지 안배가 적절히 이루어져야 한다. 무작정 집중력만을 기르려 해서는 역효과를 볼 수도 있다. 오히려 무리하게 애를 쓰면 심각한 정신적 부작용도 일으킬 수도 있다. 바른 방법으로 바르게 수련해야 한다. 우선 심신의 조건이 강한 집중력을 감당하도록 조절되어야 하며 그 이후에 무리가 없는 기법으로 성실히 수련해야 한다. 그래야 부작용 없이 집중력을 이끌어 낼 수가 있다.

  해본 사람은 알겠지만 집중력만 제대로 확보하면 세상에 못할 일이 없다. 하루 동안 한 사람이 삽질로 퍼낼 수 있는 흙의 양은 얼마 되지 않는다. 그러나 중장비를 사용하면 한 사람의 힘으로도 수백 사람 몫의 일을 할 수 있다. 그것을 한 번도 본 적이 없는 사람은 그것을 이용하면 얼마나 엄청난 양의 일을 해치울 수 있는지 상상할 수도 없다. 공부 역시 마찬가지다. 집중력 훈련만 제대로 한다면 평소 몇 배의 능률을 발휘할 수 있다. 이 때의 능력은 보통 사람의 수십 배, 수백 배가 될 수도 있다.

  그러나 집중력을 자신의 것으로 장악하기 위해서는 처음엔 힘들고 어려운 과정이 필요하다. 더욱이 처음 얼마는 변화가 있는 둥 마는 둥 하기도 한다. 중간에 확신을 잃어 수련을 포기하는 사람도 생긴다. 그러나 끈기 있게 노력을 기울이면서 점점 자신의 변화 상황을 알게 되고 일단 변화를 느낀 다음부터는 노력하는 만큼 가속도가 붙는다. 그 후 집중력과 공부법이 조화를 이루면 들은 것, 읽은 것들이 쏙쏙 머리에 들어와 차곡차곡 자리 잡는 단계가 된다. 그때부터는 남보다 적게 공부해도 그들의 성적을 앞지르게 된다. 시간적으로 남들의 반을 공부해도, 실적은 수십 배 오르기 때문이다.

위에서 말했듯이 기억력은 집중력으로부터 비롯된다. 오래 전에 우연히 들렀던 식당에 다시 갔을 때 종업원이 그때 있었던 일을 정확히 기억하는 데 놀랐던 적이 있다. 아마도 그 종업원은 자신만의 노하우로·손님들을 그렇게 기억하고 있을 것이다. 그런 경우는 너무나 많다. 그렇다면 누구라도 자신의 관심사를 이용하여 바른 방법으로 노력만 하면 누구나 기억력이 좋아진다고 해야 하지 않을까? 그렇다. 지금이라도 마음만 다잡으면 집중력은 확실히 자신의 것으로 할 수 있다.

음악을 들으면 공부가 더 잘된다고?

몇 년 전 KBS FM 라디오가 조사한 바에 따르면, 서울에 있는 중고등학생 1,209명을 설문 조사를 한 결과 매일 음악을 듣고 있다고 대답한 학생이 전체의 84% 정도였고, 나머지 10% 정도는 공부할 때만큼은 음악을 듣지 않는다고 대답했다.

음악은 그 자체로는 아름답고 생활의 활력소를 불어넣어 주는 반면, 고막이라는 예민한 신체기관을 통해 뇌파와 신경계통 등에 여러 영향을 미치기도 한다. 취미생활의 여유를 갖지 못하는 학생들에게는 음악을 선호하는 것을 말릴 수는 없다. 그러나 학생들이 주로 듣는 음악의 대부분이 대중가요와 요란스런 팝송 등으로 긴장 완화에 악영향을 준다. 그러므로 장시간 공부와 음악을 병행하는 것은 집중력이 분산되어 학습능률을 크게 떨어뜨리므로 유의

해야 한다.

공부와 음악 듣기를 동시에 하면 정신이 분산되기 마련이다. 공부는 머리를 쓰는 일이다. 그러므로 음악을 들으면서 공부하면 뇌에 깊이 새길 수가 없다. 음악을 들으며 공부하면 더 잘된다는 학생이 있지만 필자는 이것을 받아들일 수 없다. 두뇌의 구조는 한쪽에서 음악을 듣고 다른 쪽으로 공부를 하면 기능 저하가 오도록 구조되어 있기 때문이다. 뇌가 강력하게 할 수 있는 일은 한 가지뿐이므로 공부하면서 음악을 들으면 당연히 집중력을 떨어뜨린다.

음악이 없으면 공부가 잘 안 된다고 하는 사람이 있는데 그것은 습관이 그렇게 들었기 때문이며 사실은 집중해서 하는 것이 더 효과적이다. 습관은 한 번 들으면 고치기도 쉽지 않다. 혹 공부를 시작하기 전에 음악을 들으면서 마음을 비운다거나, 공부 중간에 피곤함을 달래기 위해 음악을 듣는다면 도움이 될 수 있다. 그러나 줄곧 음악을 들으면서 하는 공부는 잘못된 공부일 가능성이 높다.

또한 헤드폰이나 이어폰을 귀에 끼고 공부하면 불리하다. 위에서 말했듯 그것 역시 습관이며 결코 바람직하지 않다. 게다가 우리의 뇌는 강렬한 자극을 받게 되면 뇌파가 올라가고 긴장을 고조시켜 집중력이 분산된다. 아울러 청력에도 문제가 생긴다는 보고가 있다. 이어폰은 필요할 때만 사용하고 공부할 때는 빼고 하도록 하자.

5. 공부방법이 비효율적이다

공부의 능률을 올리려면 처음부터 다시 시작하겠다는 각오가 반드시 필요하다. 사람들은 거의가 비슷하여 누구나 의지가 약하고 게으르다고 생각한다. 아마 이것은 우리 모두의 속성인지도 모른다. 의지가 약하고 게을러서 공부를 못한다는 학생들이 있는데 그 이유는 재미를 붙일 수 있는 능률적인 공부법을 모르기 때문이다. 그런 사람일수록 제대로만 공부한다면, 즉 머리에 새기는 공부로 하나하나 깨쳐 나간다면 공부가 재미있어지며 자동적으로 의지가 생겨나게 된다. 공부 길이 나지 않은 사람에게는 공부가 힘든 일이지만 제대로만 공부하면 그 속에서 흥미도 느낄 수 있고 자연히 재미도 붙게 마련이다.

무조건 외우기 중심의 공부로는 지속적으로 성적을 올릴 수 없다. 그런 공부가 재미있을 리가 없기 때문이다. 그렇게 한 번 힘들게 느껴진 공부는 여간해서 되돌리기가 쉽지 않다. 마지못해 하는 비능률적인 공부를 습관화시키는 것이다. 공부가 힘들게 느껴지기 시작하면 그 압박감으로 인해 두통과 소화불량은 물론 어깨, 허리 등이 불편하게 되어 책상 앞에 앉아 있는 것을 힘들게 된다.

지금의 공부방법, 최선이 아니다

활을 쏠 때 겨냥을 잘못하여 발사지점에서 약간의 각도만 어긋나도 화살은 완전히 엉뚱한 곳으로 날아갈 수 있다. 공부법도 마찬가지이다. 공부방법에 따라 실적에는 상당한 차이가 있기 때문이다. 노력이 문제이지 공부법은 모두 똑같다는 생각은 하루빨리 버려야 한다. 단순히 우겨넣기식 공부법과 제대로 머리를 써가며 하는 공부법은 전혀 다르다. 자신의 공부법을 분석하여 비능률적이라면 더 효과적이고 능률적인 공부법으로 바꿔야 한다.

필자는 성적과 지능이 비례한다는 말에 동의하지 않는다. 성적을 올리는 것은 반복적 기술로 얼마든지 가능하기 때문이다. 지능이 높으면 응용력과 창의력이 따르게 마련이다. 그러나 성적은 좋은데 사고는 꽉 막혀 있는 학생이 너무나 많다. 성적 제일주의 교육제도의 책임이며, 우리 사회의 지능평가 방법의 한계를 보여준다고 하겠다. 그런 학생들을 지능이 높다고 하는 것은 전체를 보지 못한 무지의 소치라고밖에는 말할 수 없다.

머리를 쓰는 계획공부로 누구라도 바르게만 공부한다면 한 달만이라도 성적에 큰 진전을 볼 수 있다. 문제는 지능이 아니라 공부법에 있기 때문이다. 누구에게나 지능과는 별개로 성적을 올릴 수 있는 머리가 따로 있다.

그러므로 그것을 발휘해 제대로 집중력을 살려내도록 공부하면 누구나 빠른 시간 내에 성적을 올릴 수 있다. 숨어 있던 잠재력이 발휘되기 때문이다. 또 집중력을 장악하면 자신감도 붙게 되므로 그것을 통해 이해력과 응용력으로 발전되는 계기가 되는 것이다.

공부는 어떻게 하느냐에 따라 그 효과에서 큰 차이가 난다. 이 말을 들으면 누구나 수긍하지만 어찌 된 일인지 사람들은 이 단순한 사실을 따르지 않는다. 특히 성적이 나쁜 학생일수록 여태까지 해오던 비능률적인 공부법을 고수하려 한다. 새로운 것에 대한 두려움이 있기 때문이다. 노력을 하고 있는데도 성적이 오르지 않는다면 자신의 공부법을 검토해 보아야 한다. 그리고 자신의 공부방법에 문제가 있음이 발견되면 과감히 새로운 것을 받아들여야 한다.

필자의 학생들 중에도 공부를 양으로 승부한다는 믿는 사람들이 있다. 그런 무계획한 공부방식으로 어떻게 좋은 성적을 받았는지 의심스럽지만, 상당수의 학생들이 외우기식 공부법에 의존한다는 것을 알았을 때 실망을 금할 수가 없었다. 그런 학생은 분명히 가면 갈수록 공부가 힘들어질 것이다. 그런 식의 공부는 한계가 있기 때문이다.

무슨 일이나 기본기 없는 마구잡이식은 시간이 가면 갈수록 기본기를 닦은 사람에게 밀리기 마련이다. 나는 외우기식 공부로 선두에 있는 학생보다 지금은 다소 부족하더라도 계획공부를 하는 학생에게 더 점수를 주고 싶다. 시간이 지나면서 분명히 그들을 앞지를 것이기 때문이다. 그런 학생은 대학에 가서 더욱 가능성을 나타내 보일 것임에 틀림없다.

새로운 방법에 자신을 맞춰라

공부방법의 차이를 이해한다면, 지금 자신의 공부방법이 최선이 아님을 인정하고 능률적인 공부방법에 대해서 연구를 시작해야 한다. 어떤 일을 하든지 요령이 있게 마련이며 효과적인 방법을 먼저 생각한다는 것은 지극히 당연한 일이다. 대책도 없이 막연하게 책상에서 버티기만 한다고 성적이 오르지는 않는다. 차근차근히 자신의 공부법을 검토하고 효과적일 수 있는 새로운 공부법을 연구해야 한다.

공부를 시작하면 그것을 완전하게 장악했다는 느낌이 들 때까지는 늦추지 말고 최선을 다 해야 한다. 중도에 그만 두면 아니 한만 못하기 때문이다. 새로운 공부법이 자신에게 흡수되어 서서히 공부의 속도가 붙을 때 그 느낌은 경험해 보지 않은 사람은 상상도 할 수 없는 즐거움이다. 그럴 때 더욱더 자신을 밀어붙여 그것이 완전히 자신의 것이 되도록 만들어야 한다. 우리 마음은 쉽게 과거의 것으로 돌아가려 하기 때문이다.

새로운 공부방법에 심신이 맞춰지고 그것이 내 것으로 느껴지면 이제 고비는 넘긴 것이다. 그렇게 고도의 집중력으로 과목 하나하나를 인내심 있게 파고들어가면 성적이 오르지 않으려 해도 오르지 않을 도리가 없다. 그렇게 하기 위해서는 끊임없이 공부방법을 분석하고 자문을 구하여 그것들을 꾸준히 자기 것으로 만들어야 한다. 언제나 공부방법들을 비교해서 장단점을 분석하고 장점을 과감히 받아들여 자신의 공부방법을 더 효율적으로 만들 수 있어야 한다.

우리들은 모두 성적에 쫓기고 있으므로 정말 공부하기 싫을 때도 공부를 해야 하는 경우가 많다. 그러나 그것은 능률을 생각하는 공부가 아니다. 이럴 때는 잠시 책을 덮고 명상을 하든지 쉬는 것이 좋다. 진정으로 머리가 맑게 깨어 있지 않다면 공부의 능률이 오르지 않기 때문이다. 물론 공부시간이 모자라 집중이 잘되지 않는 상태여도 쉴 수 없을 때가 있다. 그럴 때일수록 자기조절이 필요하다.

참고서를 열 번이나 독파했다고 자랑하는 학생을 본 적이 있다. 참고서를 꼼꼼하게 두 번만 독파해도 큰 효과를 볼 수 있는데 열 번을 독파했다면 정말 대단한 일이다. 그러나 그 학생이 성적을 알고는 의아하게 생각한 적이 있다. 많이 본 것을 자랑할 것이 아니라 어떤 상태에서 했느냐를 따져 보아야 한다. 머리가 깨어 있지 않고 머리에 새기지도 않으면서, 눈으로만 열 번을 본다고 공부가 되는 것이 아니다.

언제나 수험생 스스로 자기 자신의 상태에 대해 세심한 주의를 기울이며 공부를 해야 한다. 좋은 상태가 아니면 빨리 개운한 상태가 되도록 스스로 힘써야 한다. 좋지 않은 조건에서 공부하는 것이 습관이 되면 공부한 양에 비하여 실적은 적어지기 때문이다. 그것이 오래되면 고치기도 쉽지 않다. 늘 자신의 심신조건을 살피는 것은 우등생이 되는 지름길이다.

'3당4락'은 허구다

흔히 공부를 시작하면 잠부터 줄이는 학생이 있다. 그러나 이것은 크게 잘못된 방법이다. 앞에서 지적한 대로 공부에서 중요한 것은 양이 아니라 얼마나 집중해서 공부했는가이다. 아무리 잠을 줄여 봐야 남보다 서너 시간을 덜 잘 뿐이다. 그렇지만 그렇게 잠이 부족하면 하루 종일 머리가 흐리멍텅하기 쉬운데, 그 때의 손해는 수백 배, 수천 배가 될 수 있음을 명심해야 한다.

예전에도 입시생들 사이에 '3당4락(三當四落)'이라 하여 3시간 자면 명문대학에 들어가고 4시간 자면 떨어진다는 말이 전해졌다. 하지만 이것은 전혀 타당성이 없는 말이다. 명문대학에 들어간 사람 중에 혹시 3시간 자고 공부한 사람이 한두 명 있는지는 모르겠으나, 대부분의 사람들은 필요한 만큼 충분한 수면을 취하고 공부했다.

입학시험을 위해 3시간만 자면서 공부해야 한다는 것은 말이 되지 않는다. 건강을 해칠 것이 분명하기 때문이다. 계획을 세워 이겨낼 수 있을 만큼 수면을 취하는 것이 좋으며, 평소 좀 게으른 편에 속하는 사람만이 조금 더 노력하면 될 것이다. 의사가 권하는 적정한 수면시간인 6~8시간을 지키는 것이 바람직하다. 올바른 공부방법을 터득해서 집중력을 발휘할 수만 있다면, 잘 것 다 자도 충분히 좋은 성과를 올릴 수 있다.

공부가 능률적이 되려면 공부법과 아울러 생활습관의 사소한 것까지 철저하게 분석해야 한다. 예를 들어, 밤에 공부하는 것을 생각해 보자. 조용한 밤이 방해받지 않고 공부할 수 있다 하여 밤 늦게까지 공부하는 학생이 많은데 장기적으로 공부해야 하는 것을 생각하면 별로 효과적이지 못하다. 사람은 원래 낮에 활동하고 밤에 휴식을 취하도록 되어 있기 때문이다.

또한 시험은 대개 낮에 보기 때문에 낮에 깨어 있도록 노력하는 것이 중요하다. 새벽까지 공부하는 사람은 대개 늦잠을 자거나 낮에 조는 습관이 있는데 바람직한 습관은 아니다. 사람은 매일 일어나던 시간이 되면 잠이 깨고 자던 시간이 되면 졸리게 되는 등 습관에 의해서 움직인다. 시험장에서 맑은 정신이 아니라면 자기의 실력을 100% 발휘할 수가 없다.

밤에 제대로 자야 깊은 잠을 잘 수 있을 뿐 아니라 사실은 가장 시간을 아껴 쓰는 방법이 된다. 초저녁에 자고 밤에 일어나서 공

부를 하는 경우는 두 번을 자게 되므로, 자고 일어나 다시 공부에 집중할 때까지 시간이 많이 들어 능률이 떨어진다.

공부시간도 삼시세끼 먹듯 규칙적이어야 한다

성적을 올리는 또 하나의 방편으로 규칙적인 생활을 들 수 있다. 규칙적인 생활을 위해 생활습관을 바꾸면 처음에는 피곤하기도 하고 머리도 맑지 못하지만, 꾸준하게 노력해서 일단 습관이 되면 몸도 마음도 훨씬 더 상쾌해진다. 처음에는 그렇지 않지만 일정한 시간에 공부를 하는 것이 습관이 되면 그 시간이 오면 자연스럽게 마음이 맑아지고 공부할 준비가 된다.

그러나 물론 규칙적인 생활을 유지하는 것이 쉬운 일은 아니나 어떤 의미에서는 규칙적인 생활이 학업의 성패를 좌우한다고 해도 크게 틀리지 않는다. 공부를 제대로 하려면 규칙적인 생활이 필요하며 그것을 계속 유지하는 것이 중요하다는 것을 명심해야 한다.

규칙적인 공부는 탄탄한 실력이 붙게 한다. 쉬지 않고 정해진 시간 규칙적으로 공부를 지속하는 것이 성적을 올릴 수 있는 지름길이다. 매일 일정한 시간에 공부를 하면 심신이 그것에 길들여져 그 시간은 공부하는 시간으로 틀이 잡혀지고 저절로 최대의 능률을 위한 시간이 된다. 마치 12시에 점심을 먹던 사람은 12시만 되면 배가 고파지며 매일 5시에 일어나는 것이 버릇이 되면 그 시간에는 어김없이 눈이 떠지듯이 말이다.

매일 일정한 시간에 규칙적으로 일정한 공부를 한다는 것은 공부가 습관화되었다는 증거이다. 공부를 잘하는 학생을 보면 매일 꼬박꼬박 규칙적으로 공부하는 것이 특징이며, 성적이 들쭉날쭉한 학생일수록 공부시간이 불규칙하다. 어떤 날은 몇 시간씩 공부에 매달리다가 어떤 날은 온종일 책 한 번 뒤적이지 않고 하루를 보내버린다.

공부가 불규칙하면 챙겨야 하는 예습·복습이 제대로 될 수가 없고, 단계적인 학과의 내용이 서로 연결되지 않아 자연히 기초실력에 허점이 생기게 마련이다. 시험은 여러 부분에서 다양하게 출제된다. 기초실력이 부족하면 문제를 깊이 있게 볼 수가 없어지고 결국은 시험에서 손대지 못하는 문제가 많아지게 된다. 계획을 세워 매일 규칙적으로 공부하는 습관을 들여야 한다.

S양은 아주 좋은 성적으로 특수고에 입학하였고 1학년 내내 상위그룹이었으며 2학년이 되어서도 1학기 내내 전체의 10% 내에 있었다. 공부에 대해서 본인이나 부모님이 어느 정도 안심하고 있었기에 한 달 동안의 여름방학 어학연수를 가기로 하였다. 마음으로는 그곳에 가서도 규칙적인 공부를 하려고 책도 준비하여 떠났다. 그러나 막상 도착하고 보니 해방된 기분이 되어 여기저기 구경 다니고 한국과는 다르게 자유를 만끽하는 외국 친구들을 사귀느라 책 들

여다볼 시간이 거의 없었으며 마음을 다져 책을 손에 잡아도 내용이 전혀 눈에 들어오지 않았다. 글자 그대로 꿈같은 시간을 보내고 돌아와 다시 공부에 임하려 하니 그곳에서의 생각에 좀체로 마음은 잡히지 않았고 별다른 공부 없이 훌쩍 한 달을 보내고 시험 날이 다가왔다. 약간은 불안하기도 한 마음으로 평소 실력을 믿고 시험에 임하였으나 사상 최악의 점수를 받고 말았다. 자신감을 잃어 그로부터 한참을 애쓰다가 집중력 공부방법을 하게 되었다. 힘들거나 의지가 약해질 때에는 선생님의 교육장에 가서 생활패턴을 익혀갔다. 한두 달 동안은 어딘가에 갇혀 있는 듯 마음만 조급해지고 답답했다. 그런 와중에도 매일 반복되는 명상과 주의력 훈련을 해나갔는데, 시간이 흐를수록 마음의 안정을 찾는 모습에 주위에서 더욱더 격려를 해주었다. 아침에 일어나면서 잘 때까지 온 마음과 몸의 패턴이 이 훈련법에 배어들면서 효과는 눈에 보이기 시작했다. 마음에 중심을 잡게 되자 벅차게만 느껴졌던 공부에 다시 매진하게 된 것이다. s양은 원래의 점수를 회복하게 될 때까지 거의 1년이 걸렸다.

수험생은 1년 365일 하루도 빠짐없이 매일 공부하여 그것이 습관화되어야 한다. 하루를 완전히 놀고 그 다음날 곱으로 공부하는 것보다는 1시간이라도 지속적인 공부를 하는 것이 더 낫다. 시험이 끝났으니까 일요일이니까 명절이니까 하는 이유로 공부의 습관을 흩트리기 시작하면 내부에 숨었던 게으름이 고개를 들게 마련이다.

심지어 감기가 걸려 몸이 아프더라도 그날 계획하였던 기본적인 것만은 건너뛰지 말아야 한다. 마치 규칙적으로 빼지 않고 식사하듯이 공부하는 습관이 몸에 배어서, 심한 예로 마약중독자가 시간만 되면 마약을 찾듯이 시간만 되면 공부를 하지 않고는 배길수 없게 되어져야 한다.

공부에도 실패형과 성공형이 따로 있다

공부에도 실패형과 성공형이 있다. 실패형은 대부분 자기 관리를 못하거나 시간을 낭비하는 학생이다. 목표를 정하지 못하고 무계획적으로 덤비며 요행수 찾기에만 바쁘다. 늘 기초가 부족하며 게임에 빠져 있다. 그러다 마음을 다잡고 책상 앞에 앉으면 몰아치기 공부를 하므로 쉽게 지쳐 버리거나 짜증만 쌓인다. 수업시간에는 졸기만 하므로 수업을 제대로 받은 적이 없다. 이런 학생은 공부방법을 신속하게 시정해야 한다.

반면에 성공형은 책상 앞에 앉으면 먼저 그 시간에 공부할 분량을 확인하고 시작하되 계획량을 끝내기 전에는 자리에서 일어나지 않는다. 반드시 교과서는 단원별로 정독하고 난 후, 그 단원에 해당되는 참고서를 정리한다. 군소리없이 실천하는 황소 같은 우직함이 있으며 늘 선생님과 친하려 노력하고 조언을 구할 때는 언제나 겸손하다. 공부할 때는 반드시 연습장을 쓰며 공부하는 장소는 오로지 집과 학교의 자율학습실이다.

또한 이들은 자신에게 가장 능률이 오르고 적합한 방법을 스스로 찾아낼 줄도 안다. 자투리 시간은 단어, 숙어, 공식을 외우는 시간으로 활용한다든지 하루 중에서 어느 때가 자기에게 공부가 가장 잘되는 시간인지 등을 발견한다. 어떤 학생은 자신의 나태함을 이기려고 계획표를 담임에게 맡기고 매일 검사를 해서 계획대로 실천을 못했을 경우에는 처벌을 요구하기도 한다.

6. 건강문제

공부의 능률을 올리려면 여러 가지 조건이 맞아야 하지만, 그 중에서도 건강 문제는 특히 빼놓을 수가 없다. 본인이 아무리 정신을 집중하여 공부하려 해도 몸이 따라주지 않으면 공부에 열중할 수가 없기 때문이다. 건강 문제 때문에 친구들의 점수를 따라갈 수 없어 실패하는 학생을 여럿 보았다. 반복되는 심신의 부담을 참아낼 수 없었기 때문이다. 늘 건강을 다스려 최고의 컨디션을 유지하는 것은 모두에게 있어 필수적인 일이다.

건강을 위해서는 몸과 마음의 조화가 필요하다. 적절히 운동을 하여 부드러운 몸이 유지되어야 하며 그날그날의 스트레스는 그 즉시 해소되어야 한다. 실제로 우리 몸은 하나로 통일을 이루고 있어서 조금만 마음에 걸리는 것이 있어도 그대로 몸에 이어지고 공부에 정신을 모으기가 어렵다. 소화가 조금만 안 되어도 머리가 욱신거리고 하루만 변을 못 봐도 머리가 멍해지기 쉽다. 잠을 설치면 몸이 무거워지고 허리가 조금만 아파도 공부를 미루고 누워서 쉬고 싶어진다.

잘 먹는 것보다 더 중요한 것

부모들은 영양 있게 잘만 먹이면 건강해지는 줄 알고 그것에만 신경을 쓰지만 사실상 건강은 잘 먹는 것만으로 이루어지는 것은 아니다. 먹는 것보다 더 중요한 것이 적절한 운동과 마음의 정화(淨化)이다. 그러므로 성적을 올리기 위해서는 꼭 자신에게 맞는 적절한 운동과 늘 평안한 마음을 만들 수 있는 마음 정화법을 배워야 한다. 그러나 무리한 운동은 피해야 한다. 그것이 피로를 불러 공부를 방해하고 심신을 지치게 할 수 있기 때문이다.

성적을 올리려면 늘 몸 상태에 관심을 갖고 계획성 있게 공부해야 한다. 잘못해서 독감이라도 걸리게 되면 성적 향상에 큰 지장이 온다. 금쪽같은 시간 일주일 정도를 허비할 것이기 때문이다. 다음(기(氣)로 공부한다)에서 지시하는 대로 심신을 조절하면 감기에 걸리지 않는 강인한 몸을 갖게 된다.

건강은 건강할 때 지켜야 한다고 말하지만 실제로 그렇게 하는 사람은 없다. 건강은 스스로 자기 관리를 어떻게 하느냐에 전적으로 달려 있다. 수험생은 약간의 문제만 생겨도 신경을 써야 한다. 그래야 공부를 방해할 정도로 심각해지지 않기 때문이다. 어깨가 묵직하다든지 허리가 뻐근하면 즉각 가르쳐 준 기공법을 활용해서 부드럽게 되도록 해야 한다. 건강은 한 번 문제가 생겨 깊어지면 쉽게 해결하기가 어렵기 때문이다.

세상에는 건강을 위해 유익하다는 무엇무엇이 있지만 수험생에게 태극기공보다 좋은 것은 없다고 본다. 무리를 주지 않으면서 전신을 유연하게 풀어 줄 뿐만 아니라 아울러 기력(氣力)도 든든

하게 유지시켜주기 때문이다. 게다가 마음을 안정시키고 집중력과 응용력이 함께 개발되도록 되어 있으므로 긴 공부를 이겨내는데 이것보다 더 훌륭한 것은 없다.

자신이 체력이 약하다고 걱정할 필요는 없다. 약하면 약한 대로 무리하지 말고 하루하루 조절만 잘하면 된다. 장수자들을 조사해 보면 젊어서 기력이 왕성했던 사람보다는 오히려 체력이 약했던 사람들 중에 더 많다.

마음 조절로 스트레스를 이긴다

'건강한 육체에 건강한 정신이 깃든다' 라는 말이 있다. 몸과 정신이 얼마나 밀접한 관계에 있는지를 설명하는 말이다. 이 격언은 단지 흘러가는 말이 아니다. 이상적인 뇌를 유지하기 위해서 몸 상태가 좋아야 한다. 두뇌활동이 무리 없이 조화를 이루려면 결정적으로 신진대사가 원활해야 하며 그중에서도 혈액순환이 중요하다. 왜냐하면 대사에 필요한 모든 물질들은 혈액을 통해 뇌로 전달되기 때문이다. 뇌는 높은 산소 요구량과 균형 있는 영양분을 필요로 한다.

그러나 스트레스는 뇌의 혈액순환에 장애와 경계, 방어심리를 주게 되므로 내적으로 긴장을 초래한다. 이 때문에 뇌의 기능은 감퇴하게 된다. 스트레스에 어떻게 대처하느냐에 따라 공부의 능률에 영향이 크다. 스트레스가 장시간 지속되면 뇌가 긴장을 하므로 제대로 학습을 하기가 어려운 조건이 되기 때문이다.

흔히 말하길 건강을 위한 조건은 첫째로 영양 있는 음식, 둘째로 적당한 운동, 셋째로 안정된 마음이라 한다. 그러나 필자의 경험으론 첫째가 조절된 마음, 둘째가 적절한 운동이며, 음식 문제는 맨 나중이다. 그러므로 식생활 문제는 독자에게 맡긴다. 굳이 한마디 한다면 육식이나 인스턴트 식품이나 좀 피해달라는 것 정도다.

우리에게 가장 필요한 것은 마음 조절이다. 마음이 잘못되면 매사에 소극적이 되고 미래에 비관적이 되어 공부에 의욕이 없어지는 것은 새삼 말할 필요도 없다. 마음에 부담이 생기면 긴장이 지속되게 되고 활력을 떨어뜨려 원활한 신체기능에 큰 장애를 준다. 잠을 푹 자지 못하게 하고 자주 감기와 소화장애를 일으킨다. 이것은 앞으로의 삶에 중심이 되며 또한 성적을 올리는 집중력과 직결되는 것이므로 반드시 습득하여 자신의 것으로 해둘 일이다.

기를 기르는 태극기공

아무리 좋은 영양을 섭취한다 할지라도 그것을 제대로 활력화되기 위해서는 온몸을 골고루 움직여 줘야 한다. 그러나 운동도 너무 숨차고 땀흘리는 운동은 피로를 가중시킨다. 공부에 지장이 없도록 무리하지 말아야 한다.

운동에는 체력을 요하는 서양식 운동과 기공(氣功) 같은 기 중심의 동양식 운동이 있다. 서양식 운동은 주로 기록 중심이기 때문에 체력 경쟁을 하게 되어 있으며 그것을 따르다 보면 많은 체력을 소모하게 된다. 점심시간에 친구들과 농구를 한 것이 다음 수업에 지장이 있는 사람도 있다. 하다 보면 자신도 모르게 피로해졌기 때문이다.

기공, 특히 태극기공은 보기에는 체조를 하는 듯하지만 체력을 키우는데 대단히 강력하다. 이것은 내부의 힘을 쓰지 않고 외부에 있는 기를 내부로 끌어들여 활용하도록 공법구조가 되어 있기 때문이다. 특히 수험생은 체력을 아껴야 한다. 그런 의미에서 수험생의 운동으로 가장 훌륭한 것이 태극기공이다.

건강하기 위해서는 기가 넉넉하고 막힘 없이 잘 운행되어야 한다. 병이 걸리는 이유는 기(氣)의 순환이 되지 않아서(기가 막혀서)이다. 병(특히 감기)은 균(바이러스)에 의하여 생기는 것이 아니다. 만약 균에 의해 병이 걸린다면 이 세상에 살아있을 사람은 한 명도 없다, 왜냐하면 우리 모두는 균이 우글대는 환경 속에서 살고 있기 때문이다. 우리가 병에 걸리지 않는 이유는 그것에 대처하는 우리의 면역력 때문이고 면역력의 강약은 기의 강약이다.

감기가 유행해도 하루 15분 정도 태극기공을 하면 감기에 걸리지 않게 되는데, 그 이유는 기를 원활히 유통시켜 원인균인 바이러스가 활동하지 못하게 하기 때문이다.

7. 그 밖의 문제들

인간관계

사람은 감정의 동물이다. 지금 내가 할 일은 공부뿐이라고 생각하고 있다 할지라도, 아무리 공부에 열의가 있고 공부법이 훌륭하다 할지라도 늘 주위와 마찰은 있게 마련이다. 그리고 그것들을 잘 조절하지 못한다면 그것이 마음이 걸려 공부에 몰두할 수가 없게 된다. 특히 청소년기는 민감한 시기이므로 사소한 것이라도 그것이 공부에 영향을 미친다.

친구 ▶ 내 마음이 편치 못하면 작은 불편도 견디기가 쉽지 않다. 특히 친구로부터 오해를 받고 있거나 냉전 중일 때의 괴로운 심정은 경험해 보지 않은 사람은 모른다. 그렇게 되면 마음이 산란해져서 책도 손에 잡히지 않고 선생님 강의도 귀에 들어오지 않게 될 수 있는데 그렇게 되면 이건 보통 문제가 아니다. 빨리 해결하지 않는다면 그것에 기운을 뺏겨 다음 시험에까지도 악영향을 미칠 수 있기 때문이다.

결론은 빨리 그와 화해하고 마음을 푸는 수밖에는 없다. 화해를 원한다면 옳고 그름은 일단 덮어야 한다. 그리고 내가 먼저 그의 냉냉해진 감정을 풀어주어야 한다. 불화란 전적으로 당사자 간의 감정문제이며 절대로 이치의 옳고 그름에 있지 않다. 간혹 논리와 합리를 주장하는 사람들은 그것이 세상을 끌고 간다고 착각하고 있지만, 이 세상에 논쟁을 통해 해결될 문제는 없으며 역사상 옳고 그름을 가려 문제를 해결한 적은 한 번도 없다. 친구와의 문제도 마찬가지다.

'지는 것이 이기는 것이다' 라는 말이 있다. 이 말은 진리이다. 친구에게 화해를 청하는 것이 자존심을 상하는 일이라고 생각지 말라. 그것은 오히려 자존심을 세우는 일이며 상대보다 우월해지는 길이다. 그것을 통해 내가 편해지고 또 내 사랑하는 친구가 편해진다면 나를 잠시 죽여 보는 것도 해볼 만한 일이 아닌가?

한편, 학창시절에 친구처럼 중요한 것도 없다. 만남으로써 돈독한 우정이 싹트고 대화를 통해 올바른 성장을 기대할 수 있는 것이 바로 친구 사이이기 때문이다. 특히 부모님과 대화가 적은 경우 나를 이해해 주는 사람은 이 세상에 친구밖에 없다. 그러나 '친구 따라 강남 간다' 고 친구를 만나다 보면 지금은 금쪽같은 시간을 그와의 놀이로 보낼 수밖에 없다. 또한 어른 연습을 한답시고 술이나 담배 같은 것에 물들기도 쉬워서 서로를 일으켜 줘야 할 나이에 서로에게 해를 주는 관계가 될 수도 있다.

특히 입시를 눈앞에 두었을 경우는 학교에서 만나는 친구로 만족해야 한다. 인생을 80이라고 할 때 1년이란 수험 생활은 80대 1에 불과하다. 그 짧은 기간 동안 친구 한 번 안 만난다고 해서 우정에 금이 갈 것도 없다. 1년쯤 참아 줄 수 있는 그런 친구가 바로 80인생의 고락을 함께 할 수 있는 진정한 친구가 아닐까?

학창시절은 빠르게 지나간다. 사회에 나가면 상황은 생각할 수 없을 만큼 복잡해진다. 사회인이 되면 정말로 복잡다단한 문제들이 불화의 요인이 된다. 학창시절에 미리부터 상대의 감정을 어루만지는 기술을 익혀 둔다면 그것은 곧 성공과 직결되는 길이다. 먼저 화해를 청하라. 그것이 거인(巨人)의 길이다.

이성친구 ▶ 이성문제 또한 우리들의 높은 관심거리다. 요즘은 이성교제가 많이 개방되어 있어서 자연스러운 이성교제도 많으며 인터넷의 보급으로 이성친구와의 채팅에 너무 많은 시간을 쓰고 있는 학생들도 많다. 남녀문제란 거의가 본능이기 때문에 한 번 빠지면 통제가 어려운 것이 사실이다. 좋은 사람이 생기면 어떻게 하면 그 사람을 즐겁게 해줄 수 있을까만 생각하게 되고 온종일 그 사람 생각 때문에 선생님도, 책도, 눈에 보이지 않는 법이다. 짬이 날 때마다 혹시 문자가 오지 않았는지 확인하고 또 문자를 보내느라 다른 일은 못 한다. 사귀는 아이가 행여 다른 아이한테 관심이라도 보이면 질투가 일어나 자신을 통제하기 어려운 것이 남녀 관계이다.

이성교제를 하는 학생을 학교에서는 퇴학도 불사하겠다고 으름장을 놓지만, 일부 학생들은 코방귀도 뀌지 않고 심지어는 수업시간이나 식당에서 꼭 붙어앉아 마치 서로 사귀는 사이라는 것을 과시하는 형편이다.

늘 말하듯 세상의 모든 것은 때가 있는 법이며 적어도 '지금'은 그럴 때가 아니다. 이성문제보다는 대입 준비로 머릿속이 꽉 차 있어야 한다. 우리들에게는 어른들과는 달리 아직은 때묻지 않은 '정서의 힘'이 있다. 그 정서의 힘을 통해 이성에 대한 높은 관심을 대입 준비로 전환시켜야 한다. 그래서 이성문제 따위는 대입 후로 접어둘 수 있는 여유를 가진다면 합격은 틀림없다. 물론 그 관심을 무조건 억제하라는 것은 아니다. 간간이 안부편지 정도를 나누면서 후일을 기약하라는 것이다.

고3인 M군은 고민거리가 생겼다. 선생님 강의중이나 자율학습 시간에 자꾸만 여학생 얼굴이 떠오르기 때문이다. 이름은 모르지만 얼굴이 갸름하고 다소곳한 모습이 평소 가슴에 간직하고 있었던 이상형이었던 것이다. 잠시만 방심하면 자기도 모르게 그녀에 대한 생각만 하고 있어서 "정신을 어디다 팔고 있느냐?"는 선생님의 지적을 받은 적도 있었다. 수능시험을 코앞에 두고 있는 지금 여학생 생각이나 하고 있을 때가 아니라고 스스로를 타일러 보았지만 그럴수록 더 생각이 나는 것을 통제할 길이 없었다. 그때 필자를 만나게 되었고 사태의 심각성을 감지한 필자는 극처방을 일러 줄 수밖에 없었다. 사람의 생각이란 일어나지를 말아야지 일단 일어나면 충족시키지 않고는 가라앉히기가 어려운 법이기 때문이다. 그것은 일단 용기를 내어 그녀를 만나 자기의 마음을 전하라고 지시였다. 왜냐하면 그렇게 하는 행위만 가지고도 마음은 어느 정도 충족감을 느낄 것이기 때문이다. 그리고는 그녀에게 5개월 후에 만나자고 점잖게 제의하라는 것이었다. 그래야 마음이 안위되고 그녀를 위해서라도 공부에 더욱 박차를 가할 수 있을 것이기 때문이었다. M군은 필자가 시키는 대로 따랐고 수능에서 좋은 점수를 받았다.

십대들의 이성교제에서 상대자와 결혼의 짝이 되는 일은 거의 없다. 청소년들이 무엇보다도 먼저 알아야 할 문제가 바로 이 한계에 대한 충분한 이해이다. 중학생들의 이성교제라면 고등학교와 대학교를 거치고 일자리를 마련하기까지 최소한 10년 이상의 긴 기간이 지나야 결혼문제를 현실적으로 생각할 수 있게 된다. 그러므로 이 단계의 이성교제는 우정의 테두리 속에서 지낼 수 있어야 한다.

선생님 ▶ 학년이 바뀌면서 여러 선생님을 만나다 보면 정말 마음에 쏙 드는 선생님을 만나기도 하지만, 어떤 때는 정말 짜증나는 선생님을 만나기도 한다. 그렇게 되는 이유는 여러 가지가 있다. 선생님의 외모 때문(특히 여학생)인 경우도 있지만, 학생들에 대한 이해심의 부족 그리고 말투 때문인 경우가 더 많다. 많은 학생들은 담당 선생이 누구이냐에 따라 그 과목에 대한 열의가 달라진다. 이렇게 되면 자연히 성적에도 많은 차이가 나게 마련이다.

거부감 가는 선생님이 있을 때 무조건 싫으니까 싫다 하지 말고 학문하는 사람답게 나는 왜 그가 싫은가를 자신에게 물어야 한다. 그리고 그 원인이 자기 자신에게 있음을 발견할 수 있어야 한다. 그 문제의 원인이 자신에게 있어야 문제를 해결하는 것이 쉽기 때문이다. 원인이 선생님에게 있는 경우는 해결할 길이 없으니까 말이다.

선생님이 마음에 들지 않는다고 학교를 옮길 수는 없으며 또 전학을 간다 해서 꼭 마음에 드는 선생님을 만난다는 보장도 없다. 이런 것을 가리켜 운명이라 한다. 운명이란 만나면 피할 수 없는 것이다. 운명을 피할 수 있는 유일한 길은 당당히 맞서는 길뿐이다.

과거 태조 이성계와 무학대사의 대화 한 토막을 소개한다. 하루는 이 태조와 무학이 마주 앉아 차를 마시다가 문득 장난이 하고 싶어진 이 태조가 무학에게 말했다.

"대사 지금부터 우리 임금과 대사의 위치를 벗어 놓고 자유로운 대화 한 번 합시다. 험담도 좋으니 서로 상대가 보여지는 그대로 말하기요."

무학 왈 "네 좋습니다. 먼저 하시지요."

태조 왈 "내 눈에는 지금 대사가 돼지로 보이는구만. "

무학 왈 "그러십니까? 제 눈에는 지금 마마가 부처님으로 보입니다."

태조 왈 "예끼! 대사도 이제는 늙었구려. 그런 아부를 하시다니. "

무학 왈 "전하, 아뢰옵기 민망하오나 돼지 눈에는 돼지만 보이고 부처 눈에는 부처만 보입니다."

태조 왈 "허허. 대사, 내가 졌소. 내가 졌소."

부모님 ▶ 몇몇의 사람이 전체를 대변한다고 할 수는 없지만, 요즘 신세대의 의식은 급격히 변화하고 있다. 특히 부모님에 대한 가치의식의 변화가 두드러지고 있다. 상당수의 젊은이들이 "부모와 자식간의 관계가 물론 다른 것과 비길 수 없는 특별한 관계임에 틀림없지만, 그것도 역시 인간관계의 일부분으로 일 대 일 관계이다"라는 견해를 피력하고 있다.

그것에 대하여 필자는 전적으로 찬동한다. 좋은 인간관계가 되기 위해서는 누가 우위에 서고 누가 그것에 무조건 따르는 그런 관계여서는 안 된다. 서로가 인격을 존중하고 서로가 진정으로 상대를 생각하는 그런 관계여야 한다. 그러나 더러는 여태까지 해왔던 방식대로 부모들이 자식에 대해 다소 위압적이고 일방적인 것이 사실이다.

그러나 부모 자식이지 않는가? 자식으로서 부모의 그런 부족함

하나를 용납하지 못하고 그것을 장기간의 불화요인이 되도록 한다는 것은 매우 바람직하지 않다. 기성세대의 변이라고 할지 모르지만 공동생활을 유지하는 데 있어서는 각자 맡은 일이 있어서 그 중 하나가 공동체를 대표하여 결정권을 행사하고 나머지 가족은 그를 믿고 따라 서로가 서로를 돕는 것이 마땅하다.

비록 지금은 자식의 입장이지만 불과 10여 년만 지나면 당신도 장성하여 부모가 될 것이다. 그때에는 부모의 입장에서 자식들을 대해야 한다. 따라서 입장을 바꿔 보면 쉽게 정리될 수 있는 것이다.

불과 얼마 전까지만 해도 부모는 자식의 일 모두에 영향력을 행사하여 자식의 친구관계, 이성관계를 넘어 심지어 생사의 문제까지도 전적인 결정권을 가지고 있었다. 뼈대 있는 집안일수록 자식이 부모에 대한 예의는 각별했다. 모든 일은 시작하기 전에 꼭 허락을 구하였으며 심지어는 하루도 빠짐 없이 아침 저녁에 큰 절로 문안인사를 드릴 정도였다.

불화의 원인은 쌍방에 있다. 경우에 따라서는 새로운 것을 받아들이기 어려운 어른들에게 문제가 있을 수 있다. 그러나 이것은 기성세대와 신세대의 옳고 그름의 문제가 아니다. 어떻게 하면 상호간에 화목하고 생산적이 되느냐의 문제이다. 다소 노엽더라도 이해하고 용서하라. 그것이 최선이다.

세상은 변하였다. 그리고 부모도 변하였다. 그러나 부모 자식의 관계만은 변하지 않고 그대로 있다. 부모와의 불화가 생겼을 때 상대는 나를 낳은 부모라는 것을 먼저 생각해야 한다. 화나는 김

성적, 이제 내 마음대로 한다

에 잘못 생각할 수도 있지만 잊지 말아야 할 것은 부모는 절대로 자식을 미워하지 않는다는 것이다.

상담을 위해 필자를 만난 H군은 "다른 애들도 그렇지만, 아버지는 나의 원수입니다"라고 말을 하는가 하면, Y양의 경우에는 상담 도중에 전화가 오자 "공부! 공부! 지긋지긋하게 매일 그 소리만 해요. 이러니까 집에 들어가기 싫어진다니까!"라고 소리치는 경우가 있었다. 이것은 의사전달 방법의 차이가 만든 불상사이다. 서로가 좀더 이해심을 가져야 한다.

부모와 나의 관계를 일 대 일의 관계로만 생각해서는 안 된다. 이 세상에서 망설임없이 나를 위해서 생명을 바칠 수 있는 사람이 누구일까? 그것은 부모뿐이다. 깊이 생각할 일이다.

한편, 요즘에 들어서 이혼율이 부쩍 높아진 것을 보면 사람들의 감정 통제에 문제가 있는 것 같다. 그들이 이혼 사유를 무엇이라고 말하든지 간에 이혼은 거의가 감정문제이기 때문이다. 부모의 이혼은 두 사람의 문제를 넘어서 자식에게 이어지며 나머지 가족 모두에게 큰 혼란을 준다. 부모의 이혼으로 인한 배신감으로 공부를 포기한 사람이 있는가 하면 그 영향으로 자신의 결혼생활마저도 실패하게 되는 경우도 있다.

부모가 비록 이혼은 하지 않았다 할지라도 서로 냉담하고 있을 때 옆에서 지켜보는 자식의 심정 또한 경험이 없는 사람은 이해할 수 없다. 부모의 사이가 좋지 않으면 집안의 분위기가 냉랭하므로 그런 조건에서 공부에 열중한다는 것 또한 쉬운 일은 아니다.

그러나 당신이 그런 입장에 있다면 감정이 흐르는 대로 함부로 행동할 것이 아니라 깊이 생각하여 무엇이 지혜로운 일인가를 가려야 한다. 부모도 감정을 가진 사람이다. 다툴 수도 있고 냉담할 수도 있고 또 이혼할 수도 있다고 생각하는 것이 좋다. 이미 그렇게 되어 버렸다면 조용히 화해를 종용할 수는 있으나 감정이 상한 두 사람이 그것을 받아들일지는 확실치 않다.

이럴 때 어떻게 하는 것이 가장 현명한가? 학생의 본분은 공부이다. 그럴 때는 그 분위기에 휩쓸리지 말고 더욱더 공부에 힘써야 한다. 그들에게 그것을 보여 줘야 한다. 어리석은 어떤 사람처럼 공부를 포기하고 불량한 무리와 어울리는 것으로 그들에게 복수한다는 생각은 버려라.

공부에 열중하는 생활을 끊임없이 유지하면서도 틈틈이 부모를 만나서 서로를 위로해 주는 것도 좋다. 때로는 눈물로 화해를 호소하면서 상한 감정을 점차적으로 회복할 수 있도록 도와야 한다. 당신의 행동을 통하여 그들은 당신에 대하여 새로운 인식을 하게 될 것이다. 이러한 부단한 노력과 인내심들이 양쪽에 전달되어, 그것을 계기로 다시 단란한 가정을 회복시킬 수도 있기 때문이다.

하고 싶은 것들

공부를 시작하기로 마음을 먹고, 제대로 한 번 해보기로 결심하였다면, 먼저 주변의 유혹을 정리해야 한다. 이것저것 하고 싶은 일 다하면서 입시공부하는 것은 거의 불가능에 가깝다. 공부를 할 때 계속 이것저것 잡념이 떠올라 공부를 방해할 것이기 때문이다.

우리 주변에는 온갖 유혹이 도사리고 있다. 그러므로 이들 유혹을 어떻게 이기는가, 그 달콤한 유혹으로부터 어떻게 자신을 보호하는가가 수험 준비의 첫걸음이다. 성적을 올리는 비결은 '자기 관리'에 있다. 그러기 위해선 주변에 도사리고 있는 복병들을 물리쳐야 한다. 그 복병이란 곧 친구, 이성, 오락 취미생활 등 너무나 다양하다.

휴식을 위한 놀이는 어디까지? ▶ 오락은 필요한 것이다. 그러나 청소년기에는 그런 것도 큰 유혹이 된다. 컴퓨터 게임, 채팅이나 멋 내기, 당구, 음주, 흡연 따위가 유혹의 요소들인데, 그 자체가 문제이기보다는 그로 인해 수험 생활의 전반적인 리듬에 동요를 가져온다는 데 문제가 있다. 특히 음주나 흡연을 통해 성인 흉내를 냄으로써 그것이 그대들의 생활에 잠시 잠깐의 쾌락을 안겨 준다 해도 그 후에 남는 건 허탈감과 후회뿐이다. 따라서 자기 자신의 굳은 의지를 십분 발휘해 그런 유혹들을 뒤로 미루어야 한다.

'1년을 참는다'는 것은 곧 1년 후엔 모든 것이 허용된다는 것을 뜻한다. 그때를 기약하고 지금은 오로지 성적을 올리는 것에 심혈을 기울여야 한다.

학생이라고 해서 매일 기계처럼 공부만 할 수는 없다. 휴식을 위한 놀이나 이성교제, 그리고 텔레비전이나 영화를 통한 기분전환도 가끔은 필요하다. 그러나 그러한 것들은 미리 계획을 세워서 철저하게 시간 안배를 해야지 방심하여 공부에 지장을 줄 정도가 되어서는 안 된다.

오락은 우리의 삶에서 양념과 같은 것이다. 양념은 그 양이 소량으로 본 재료의 일부분이어야지 아무리 맛이 있다 하여도 양념이 본 재료보다 많아지면 그 음식은 이미 본래의 가치를 잃은 것이다.

흔히 학생시절은 활동이 왕성하고 또한 호기심도 많은 시기이기 때문에 잘못하여 놀이에 빠져들게 되면 자신도 모르게 그쪽으

로 마음을 빼앗기기가 아주 쉽다. 특히 사회가 다변화되면서 음악, 영화 혹은 스포츠 등 우리의 마음을 빼앗는 여러 가지 다양한 것들이 활발하여 그곳에 시간을 빼앗기기가 아주 쉽게 된다.

또한 텔레비전은 우리의 생활에 거의 필수적 요소라 할만큼 가까이 있어서 자기도 모르게 텔레비전 앞에 앉아 정신없이 시간을 보낼 때가 많다. 학생의 경우 그날그날의 학습 진도를 소화해야 하고 연속되는 시험 준비도 게을리해서는 안 되는 상황에 시간을 다른 곳에 뺏겨 그날 마무리지을 공부를 미처 손대지 못한다면 그 손실은 생각보다도 훨씬 커지는 것이다.

또한 본인이 흥미를 느끼는 스포츠 게임이나 연속극을 시청하고 난 후 상당 시간 동안은 그 기억이 남아 공부를 방해할 것이기 때문에 그것으로 인한 손실은 이중이라 아니할 수 없다. 그렇다고 해서 텔레비전 자체를 없앤다는 것은 다른 가족을 생각해서도 할 일이 아니다. 당사자 스스로가 일주일 단위의 철두철미한 계획으로 공부에는 전혀 방해가 되지 않는 선에서 꼭 필요한 프로만 골라서 보도록 습관을 들여야 한다.

TV프로그램은 각 방송의 과열경쟁으로 거의가 사람들의 눈을 끌도록 흥미 위주로 제작되기 때문에 잠시만 보겠다고 굳게 마음 먹었어도 마약처럼 그 앞에만 앉으면 금새 몇 시간이 지나가 버린다. 세상에 모든 것은 때가 있는 법이다. 씨뿌릴 시기가 있고, 거름 줄 시기가 있으며, 잡초를 제거해 줄 시기가 있고, 추수할 시기가 있다. 어느 것 하나 소홀히 시기를 놓쳐 버리면 노력했던 모든 것이 수포로 돌아간다.

짧으면 몇 개월, 길어도 몇 년만 참으면 원하는 대학에 들어 갈 것이다. 그렇게 되면 원하는 것은 무엇이든지 싫증나도록 즐길 수 있는데라고 늘 자신을 위로하면서 현재는 미래를 위해서 다소 희생할 수밖에 없다는 것을 마음속 깊숙이 이해시켜야 한다.

평소에 즐기던 것을 끊기 위해서는 어느 정도 모질게 마음을 먹는 것이 중요하다. 그러나 1~2년 취미생활을 중단하는 것 자체가 바로 공부임을 명심해야 한다. 취미생활이라는 것이 1~2년도 중단해서는 안 될 정도로 과연 그렇게 중요한 것일까? 대학에 들어가면 마음대로 즐길 수 있으며, 공부에 제대로 습관을 들여 성적이 대폭 향상된다면 두세 달 이후에는 공부에 방해가 되지 않을 정도로 즐길 수 있으며 또 그렇게 공부와 취미를 병행할 수 있는 능력도 자연스럽게 자라날 것이다. 최소한 두세 달만이라도 취미생활을 끊어 보자. 그렇게 할 수 있다면 이미 많은 것을 달성한 것과 다름없다.

의타심과 열등감

의타심 ▶ 공부는 결국 혼자 할 수밖에 없는 외로운 작업이다. 물론 선생님의 도움을 받을 수도 있고 친구들과 함께 그룹으로 하는 경우도 있지만, 그것도 엄밀히 보면 마치 밥을 먹거나 잠을 자는 것처럼 전혀 개인적인 일이다. 학교에서 수업을 함께 받아도 역시 개개인의 작업일 뿐이며 타인이 대신할 수 없기는 마찬가지다.

아무리 유능한 선생이 도와준다 하여도 그것을 제대로 소화시키지 못한다면 아무런 소용이 없는 일이다. 자식을 진정으로 사랑하는 부모는 어려서부터 자식에게 독립심을 길러준다. 스스로 처리하는 습관을 들임으로써 나중에 사회에 나갔을 때 유능하다는 소리를 듣게 되는 것이다.

초등학교 시절에는 약간 타인의 도움을 받아 공부했더라도 중학교 이 후부터는 스스로의 힘으로 공부하는 습관을 길러야 한다. 어떤 학생은 고액과외로 좋은 점수를 유지한다는데 그렇게 타인의 도움이 습관화된 그 학생은 과연 장래를 어떻게 풀어갈 것인가?

스스로의 힘으로 공부하는 습관이야말로 무너지지 않는 자신의 것이다. 여럿이 하는 일에는 능률을 보이다가도 혼자 하는 일에는 힘을 잃어 제대로 능력 발휘를 못하는 사람이 있다. 어려서부터 습관이 되지 않았기 때문이다. 능력자는 언제 어디서나 함께 하는 일에도 혼자 하는 일에도 자신의 능력을 내는 사람이다. 진정한 성공은 과연 그 사람이 혼자 있는 시간을 과연 어떻게 보냈느냐에 달려 있다. 그것이 그 사람의 진정한 가치이다.

열등감 ▶ 이것은 자기 자신이 누구인지를 모르는 것에서 비롯한다. 진정으로 자기를 안다면 열등감이란 있을 수 없기 때문이다. 사람은 늘 무엇인가 되고 싶어하며 나아가 특별하기를 원한다. 그것이 열등감을 부른다. 스스로 무엇이고자 하면 늘 그것보다 좀더 나아 보이는 것에 마음이 빼앗기기 때문이다.

열등감의 해결은 매우 간단하다. 아주 단순한 이치, 즉 사람들은 모두가 다르게 태어나고 한 사람 한 사람은 세상에 하나밖에 없는 특별한 존재라는 것을 이해하면 된다.

자연은 이 세상에 같은 것은 여럿 만들지 않는다. 우리들 개개 인은 자연의 차원에서 매우 소중한 존재들이다. 남들이 어떻게 생 겼든 키가 크든 얼굴이 잘생겼든, 그것은 나하곤 상관없는 그들의 일일 뿐이다. 나에게는 나의 길이 있고, 그들에게는 그들의 길이 있다.

하늘은 결코 필요치 않은 것을 세상에 내지 않는다. 우리 모두 는 꼭 필요한 존재들이며 각기 남이 가지지 못한 훌륭한 특성들을 가지고 있다. 시간이 좀 걸리긴 하지만, 어떤 사람은 그것이 조금 일찍 나타나고 어떤 사람은 그것이 나타나는 차이일 뿐이다.

타인과 나를 비교하는 것은 습관에 지나지 않는다. 내가 그것에 매여 있을 이유가 조금도 없다. 자연을 보라. 그들 모두는 존재 자 체에 그대로 만족하고 산다. 들에 핀 이름 모를 야생화라 할지라 도 결코 자신을 다른 것과 비교하지 않는다. 장미는 장미의 삶이 있고 백조는 백조의 삶이 있다. 그냥 그대로 그뿐이다. 그것이 자 연의 이치이다.

우리 인간만이 외물(外物)과 자신을 비교하고 시기·질투하며 스스로를 괴롭힌다. 열등감은 목표를 향한 열정에 큰 장애요인이 된다. 부정적 시각을 부르고 만사를 소극적이 되도록 하기 때문이 다.

열등감에서 벗어나기 위해 우리가 할 일은 없다. 애쓸 일도 없다. 그냥 이해만 하면 된다. 열등감은 나 혼자 만든 허깨비라는 것, 나에게는 나의 세상이 있다는 것. 그것을 위해 내가 세상에 왔다는 것, 그것만 바로 이해하면 된다.

2단계
성적을 올리기 위한 워밍업

1. 나를 바꿔야 한다

내가 있으므로 세상이 있으며 내가 사라지면 세상도 사라진다. 또한 내가 즐거우면 세상 모두가 즐거워지고 내가 슬프면 세상 모두가 슬퍼진다. 세상의 중심은 바로 나이기 때문이다. 세상의 즐거움은 나의 즐거움이요, 세상의 괴로움은 나의 괴로움인 사실을 통해 세상과 내가 둘이 아님을 알 수 있는 것이다.

세상을 바꾸려면 먼저 내가 바뀌어야 한다. 나는 바꾸지 않으면서 세상만 바꾸려 하는 것보다 어리석은 짓은 없다. 나를 바꾸면 세상 모든 것이 바뀐다. 나는 세상의 중심이다. 세상 모두는 나로부터 생겨났기 때문에 세상일 그 무엇 하나 원망할 것도 없다. 즐거운 것도 내 탓이요, 괴로운 것도 내 탓이며, 잘된 것도 내 탓이요, 못된 것도 모두가 내 탓이다. 아울러 성적이 오르는 것도 내 탓이요, 성적이 내려가는 것도 내 탓일 뿐이다.

관점이 바뀌면 세상이 바뀐다

사람은 살아가는 동안 자기도 모르게 사물을 보는 시각이 일정한 방향으로 굳어지게 되며 그 결과 각기 다른 시각을 가지고 세상을 보게 된다. 만사를 희망적으로 보는 사람이 있는가 하면 비관적으로 보는 사람이 있다. 모든 일에 적극적으로 임하는 사람이 있는가 하면 똑같은 조건 속에서도 늘 소극적이 되어 문제제기만 일삼는 사람들이 있다.

그러나 성공을 거두는 사람을 보면 모두가 '희망'과 '낙관'을 생활 속에 습관화한 사람들이다. 그런 사고방식이 그 사람의 재능과 두뇌를 더욱 활발하게 만들어 준다. 그것은 내면의 잠재력을 깨워 부족함이 없는 에너지로 신선한 아이디어를 소생시켜 준다. 세상에 제일 아껴 써야 할 말은 '안 된다'는 말이다. 비관적 시각은 그 사람이 가지고 있는 재능이나 두뇌기능을 퇴화시키기 때문

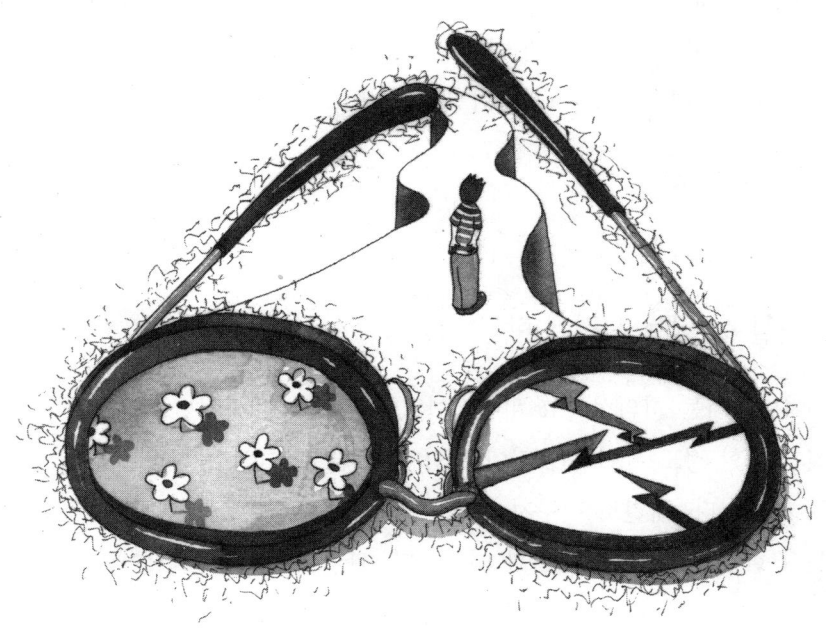

이다. 그것은 가지고 있는 에너지마저도 크게 감소시켜 버려서 나중에는 그 사람을 실패로 이끌어 가고 만다.

공부도 마찬가지다. 자신의 성적에 대해 희망적이고 낙관적인 시각을 가지면 자동적으로 성적이 오른다. 지금 자신이 좀 뒤떨어지고 있더라도 절대로 실망하거나 좌절할 필요는 없다. 이번 시험 성적이 최악이라면 즐거워할 수는 없지만 그래도 희망적이기는 하다. 왜냐하면 이제는 떨어질 때까지 다 떨어져 다음 순서는 성적이 오를 일만 남았기 때문이다. 다소 지나친 것 같아도 그런 마음이 에너지를 움직이게 한다.

그럴 때는 겸손한 마음으로 자신을 분석해 보면 된다. 그러면 성적이 오르지 않는 정확한 문제점이 발견되는 법이고 그것이 마음을 새롭게 다질 수 있는 좋은 기회가 될 것이기 때문이다. 문제점을 발견했다는 것은 이미 문제를 해결했다는 것과 다르지 않다. 이미 에너지는 활동을 시작하기 때문이다. 그럴 때는 최악의 상태가 오히려 희망일 수도 있다.

변할 수 있는 시점은 바로 지금!

여태까지는 회의적이고 비관적이었다 할지라도 관점만 바꾸면 믿지 못할 정도로 변하는 것이 사람이다. 변할 수 있는 시점은 바로 지금이다. 내일로 미루지 말라. 우리에게 내일은 없다. 내일이 온다 한들 오늘이 될 것이기 때문이다. 과거는 생각할 필요가 없다. 한 가지 생각만 바꾸어 보라. 그렇게 되면 모든 것이 변한다. 학교가 즐거워지고 공부가 재미있어지며 나와 연관된 주위의 모든 일들이 내 편으로 변하기 시작한다.

잘못된 관점이 성적을 오르지 않게 한다. 관점이 결과를 만들기 때문이다. 무엇이든 그것이 관점으로 형성되면 마음속에 뿌리를 내려 그 사람의 성격이 된다. 그러므로 성적을 올리려면 먼저 자신의 내면이 희망적으로 바뀌어야 한다. 잘못된 관점을 가지면 공부 자체를 고역으로 만들어 성적이 떨어지게 되고 학교를 점점 싫어지게 된다. 그런 마음으로는 노력도 안 될 뿐더러 아무리 노력을 해도 성적이 오를 수 없다. 마치 브레이크를 걸은 채 발진하려는 차와 같기 때문이다.

2학년 M양은 고등학교에 올라가면서 점점 공부가 힘들고 벅차지기 시작했다. 중학교 때는 안 그랬는데 수업 받는 것, 야간 자율학습, 독서실, 시험 등 공부에 관한 모든 것에 염증을 느끼고 있었다. 도대체 누굴 위해 공부를 하는지도 의심스럽고 그러나 대학은 가야 하고…… 그러다 보니 소화도 안 되고 두통에다 변비까지 심해졌다.

이때부터 마음속에 품고 있는 불만이 무엇인지, 강박적으로 자신을 옭아매는 것이 무엇인지 등등 상담을 통해 원인을 잡아내면서 본격적인 내면 수련에 들어가게 되었다.

자신을 누구보다도 진실되게 바라보는 작업을 하도록 방향을 잡아주었다. M양 스스로가 자신의 마음속에 가지고 있던 무거운 짐을 벗어버리게 되면서, 자연스레 머리가 개운해지기 시작하더니 소화도 잘 되게 되었다. 그 다음부터는 집중력이 생기면서 여름방학 후의 모의고사에서는 무려 35점을 올리게 돼 무난히 원하는 대학의 점수대에 돌입했다. 마음이 변하니 모든 게 달라지기 시작한 것이다.

상태가 좋지 않을수록 희망을 일으킬 계기를 찾아야 한다. 희망은 마치 등댓불처럼 사람에게 의욕과 용기를 준다. 희망이 있으면 우선 활기가 살아나고 표정이나 행동이 달라지기 때문이다. 행운은 사람을 찾아다니는 법이다. 그러다가 희망을 품은 사람을 만나면 그에게 다가간다. 그것을 일컬어 행운이 온다고 말한다. 사람들은 누구나 행운을 원하면서, 행운을 부르는 데는 무지하다. 행운은 누가 주는 것이 아니다. 자기가 부르는 것이다.

희망의 계기는 스스로 마음속에 희망의 씨를 심는 데서 시작한다. 행운을 부르기 위해 적어도 그런 정도의 성의는 필요하다. 찾으려 하지 않는 자에게는 무엇도 저절로 다가오지 않는다. 스스로를 살펴 희망적 요소가 될 만한 것을 찾아내야 한다. 누구에게나 어느 때나 희망의 요소는 있다. 그러므로 찾으려고만 하면 누구나 찾을 수 있다. 그렇게 하기 위하여 늘 자신의 내면을 살피는 것이 습관이 되도록 하여야 한다. 모든 것이 그곳으로부터 나오기 때문이다.

긍정적인 사고는 마술 같은 힘이 있다

시각이 좋아지면 저절로 긍정적인 사람이 된다. 그렇게 되면 늘 희망적인 미래만을 생각하게 되는데 그것은 밝고 안정된 미래를 부르는 힘이 된다. 희망적인 미래에 생각이 고정되면 주위의 모든 상황은 그것을 따르게 되어 있다. 긍정적 시각을 가진 학생은 공부가 잘되고 늘 시험에서 좋은 점수를 받는다. 세상 모두를 만드는 것은 마음이며, 생각은 그 생각에 준한 결과를 불러오기 때문이다.

가끔 대학교 입학시험에 대해 불필요한 공부를 강요하는 불합리한 제도라고 생각하는 학생들이 있는데, 혹 당신이 그렇다면 생각을 바꿔야 한다. 그렇게 생각해서는 좋은 성적을 받을 수가 없기 때문이다. 공부를 게을리하는 학생일수록 잘못된 것은 남의 탓으로 돌리는 경향이 있다. 문제를 해결하려면 모든 것을 내 탓으로 돌릴 수 있어야 한다. 이 세상에서 내가 가장 쉽게 움직일 수 있는 것은 바로 나 자신이기 때문이다. 문제가 타인에게 있으면 해결은 거의 불가능하다. 내 손에 있는 문제라야 내가 해결할 수 있다.

성적을 올리려 한다면 주위에 대한 모든 생각을 긍정적으로 바꾸어야 한다. 부모님에 대해서, 선생님에 대해서 ,학교에 대해서, 교육제도에 대해서, 모든 것에 긍정적이 되도록 하여야 한다. 주위의 모든 것들을 이해하도록 노력해야 한다. 그러면 마술처럼 모든 것이 변하기 시작한다. 공부가 점점 재미있어지기 시작하면서 하루하루의 삶이 새롭게 빛난다. 근본적 이해가 생기기 시작했기 때문이다.

약간의 문제가 있다고 하더라도 원래의 취지를 이해하고 그에 맞도록 노력하면 그것은 나 자신을 유익하게 한다. 세상에 이해만큼 좋은 것은 없다. 이해가 없이는 무슨 일도 이룰 수가 없다. 이해를 하고 나면 이 세상에 나와 연관되지 않은 문제가 없음을 알게 되며 그것은 나와 연관된 모든 면을 긍정적으로 보게 한다. 자연히 그것은 나에게 돌아온다. 세상의 모든 일은 서로 비슷한 것들을 부르기 때문이다.

많은 학생들과 상담하면서 그들이 내놓는 공부를 열심히 할 수 없는 이유에 나는 늘 감탄하고 있다. 잘도 핑계거리들을 만들어내는데 어떤 이유라 할지라도 핑계는 역시 핑계일 뿐이다. 그것은 단지 책임만을 벗어나고자 하는 유치한 짓에 지나지 않는다.

성적을 올리기를 원한다면 빨리 그런 태도로부터 벗어나야 한다. 책임을 벗어날 수 있는 가장 확실한 방법은 "모든 것이 내 책임이다"라고 말하는 것이다. "이것은 내 탓이 아니야"라든가 "나는 아무래도 안 되겠어"와 같은 약한 말은 하지 말자. 그것은 스스로를 포기하는 것이다. 문제가 있다는 것은 해결책이 있다는 것이다. 늘 긍정적이 되라. 문제는 나를 진보시키기 위한 수단임을 늘 기억하라.

철저한 자기 관리 — 막연한 가능성이 구체적으로 실현된다

누구도 우리들의 앞날을 알고 있는 사람은 없다. 우리가 미래에 어떤 사람으로 살아갈지는 무엇으로도 점칠 수 없다. 그러나 우리는 예상할 수 있다. 각자의 미래는 지금 우리가 얼마나 철저히 자기 관리를 하느냐에 따라 향방이 결정나기 때문이다. 그것만이 미래의 보장될 수 있는 유일한 길이다. 제대로 된 집중력을 개발하기 위해서는 먼저 자기 자신의 관리가 철저해야 한다. 어떻게 해야 자신을 관리할 것인지 하나하나 살펴보기로 하겠다.

확고한 자신의 가치관을 정립 ▶ 무엇을 위해 어떻게 살 것인가 하는 뚜렷한 목적의식이 없다면 일을 진행하는 중도에 찾아오는 조그마한 장애에도 곧 낙담하거나 포기해 버릴 수 있다. 자신의 삶의 가치관이 정립되어 있으면 그만큼 하고자 하는 일에 추진하는 힘이 강해지며 또한 견디는 힘 역시 강해질 수 있다. 그래야 원하는 것을 이룰 수 있다.

분명한 목표 ▶ 항해하는 선박은 출항하기 전에 이미 도착지가 정해져 있다. 만약 그것이 없이 출항하는 선박이 있다면 망망대해를 표류하다가 결국은 자연의 폭풍 속에서 침몰되고 말 것이다. 수험 생활도 마찬가지다. 확고한 가치관을 바탕으로 자신만의 목표가 미리 설정되어야 한다. 목표가 정해져야 그곳을 향해 매진할 수가 있다.

규칙적인 수험 생활의 계획안 ▶ 이는 앞서 말한 가치관과 목표가 설정된 이후에 마련해야 할 실행 사항이다. 계획안이 없으면 추진력이 약해질 수밖에 없다. 하루 24시간, 일년 365일은 누구에게나 평등하게 주어졌다. 다만, 주어진 시간들을 잘 이용하느냐 못 이용하느냐는 자신에게 달려 있다.

흔히 우리들은 어떤 일을 시작할 때 막연히 될 수 있다는 가능성만을 가지고 시작하는 경우가 많다. 그러나 그것으론 부족하다. 정해진 기간 동안 각 과목들을 어떻게 정복할 것인가에 대한 계획을 면밀히 세워야 한다. 일을 진행하고 보면 계획된 일이냐 아니냐에 따라 일의 성패가 가름된다. 사람은 각 개인에 따라 조건과 환경이 다르다. 또한 흥미와 습관도 다를 수 있다. 효율적인 계획을 위해서는 냉정하게 자신의 능력의 한계를 면밀히 검토해야 한다. 우선 중요한 것은 나의 모든 것을 감안하여 알맞은 계획을 세우는 일이다.

정신적인 여유 ▶ 어찌 보면 이 말은 수험생들에게 어울리지 않는 말이라고 생각할 수도 있다. 그러나 정신적인 여유는 긴장의 연속선 상에서 생활해야 하는 수험생들에게 있어서 꼭 필요한 일이다. 생리적으로 우리 몸은 심한 긴장이 계속되면 모든 근육들이 굳어지게 되어 있다. 시간을 할애하여 심신을 풀어가며 공부할 수 있어야 한다. 그것을 그대로 두면 집중력에 장애가 오고 공부의 능률이 떨어지기 때문이다.

정신적인 여유를 위해 기공 명상을 적극적으로 권한다. 새벽부터 밤늦게까지 정신을 집중하여 공부에만 매달렸던 피곤한 머리를 잠시 동안 수련으로 정리하고 나면 새로운 힘이 솟아난다.

공부에 욕심을 가져야 흔들림이 없다

일을 성취시키는 힘은 욕심에서 나온다. 욕심이 에너지를 일으키기 때문이다. 욕심이 없다는 사람일수록 내면에 흑심을 감추고 있는 경우가 많다. 더 큰 욕심을 가지고 있기 때문이다. 인간에게서 욕망을 빼 버린다면 얼마나 삭막한 삶이 될까? 이를 계기로 한번 욕심에 대한 선입견을 바꿔 볼 필요가 있다.

독자에게 나는 솔직하게 '욕심을 가져라' '이기적이 되라' 라고 말하겠다. 그것이 가장 인간다운 솔직한 일이며 그것이 문제해결의 지름길이 되기 때문이다. 그리고 좀더 큰 욕심을, 극단적인 이기주의가 되라고 권하고 싶다. 큰 욕심을 가져서 더 넓고 큰 이기주의자가 될 때 오히려 남의 입장을 배려할 수 있게 된다. 그래야 세상이 더 밝아질 것이라고 나는 믿는다. 세상 모두가 나 자신이라는 것을 알게 되기 때문이다.

K군은 주위에 대해서 무관심한 경향이 있었다. 자기 반에서 누가 공부를 제일 잘하는지도 모르고 있었고 친하게 지내는 친구의 이번 모의고사 성적이 몇 점인지도 관심이 없었다. 열성적이지는 않지만, 그래도 약간 관심이 있는 것이 있다면 음악 정도였다. 성적도 그저 반에서 중간 정도였다. 그러다가 고2가 되면서 대학문제가 심각해지기 시작했

는데, 자기 성적으로는 본인이 원하는 S대는 바랄 수도 없었기 때문이다. 문제를 분석해 본 결과 풀어져 느슨하게 된 마음태도라는 것을 발견한 필자는 내면 훈련으로 그 학생에게 욕심을 심는 작업을 시작하였다. 나의 경쟁자를 구체적으로 떠올리고 승부욕을 키우는 작업, 대학에 떨어졌을 때의 상황을 생생하게 묘사하면서 긴장하고 조여주는 작업, 부모님에 대한 사랑을 곱씹으며 깨닫는 작업 등등 마음에 불을 지펴주고 활활 탈 수 있는 욕심을 심는 프로그래밍이 이루어졌다. 처음에는 미미했지만, 일단 마음에 한 번 철심이 심어지자 하고자 하는 의욕이 솟아났다. 그 결과, 1년이 지난 현재의 모의고사 점수라면 조금만 더 노력하면 S대도 가능하다는 담임선생님의 말을 듣게 되었다.

흔히 욕심이 있다는 것을 나쁜 의미로 생각하기 쉬우나 무슨 일이든 남들보다 더 잘하거나 그 분야에서 성공한 사람을 보면 한결같이 의욕이 넘치고 그 일에 욕심꾸러기이다. 만약 수도자가 되기를 원한다면 마음속의 욕심을 포기하도록 하라.

마음에 그린 대로 이루어진다는 것은 우주의 법칙이다. 사업에 욕심이 있어야 큰 사업가가 되고, 정치에 욕심이 있어야 힘있는 정치가가 될 수 있다. 욕심은 무슨 일이든 그 일을 추진하는 연료와 같은 역할을 한다. 기름이 없이 자동차가 움직일 수 없듯이 사람도 욕심이 없이는 목표조차 정할 수 없기 때문이다.

마찬가지로 공부를 하는데도 흔들리지 않는 욕심이 꼭 필요하며 그것이 구체적이어야 한다. 욕심을 발동시켜 다음과 같은 목표점을 정한다.

> Ⅰ 대학합격 때까지 공부 이외의 모든 일을 유보한다.
> Ⅱ 공부를 위해 정해 놓은 규칙(예습, 복습)은 꼭 지킨다.
> Ⅲ 지금부터 시작하여 매 시험 때마다 점수를 10점씩 올린다.

사람의 외부적 행동은 그것의 원인이 되는 정신적 내면세계로부터 비롯된다. 공부를 열심히 하는 외적 행동이 나오자면 그 원인과 동기가 되는 내면세계가 그 방향으로 컨트롤되어야 한다. 내면의 조절 없이 무조건 하는 외부적 노력만으로는 원하는 결과를 얻을 수 없다. 그러므로 공부에 적극적인 좋은 학습 습관을 만들기 위해서는 자신의 내면세계가 그 방향으로 숙달되어져야 한다.

목표는 분명하고 일관되게

성공을 원하는 사람이라면 일의 시작에서부터 뚜렷한 목표가 있어야 한다. 목표점이 없이 무조건 열심히만 하면 성공할 것이라는 주장은 요행수를 바라는 것에 지나지 않는다. 분명치 않은 목표를 가지고 땀 흘리며 노력하기보다는 차라리 가만히 앉아 있는 것이 낫다. 왜냐하면 방향이 잘못 설정된 경우 노력하면 할수록 목표점에서 멀어지기 때문이다.

심지어 목표가 약간 추상적이라 할지라도 목표는 정하는 것이 좋다. 예를 들어 이번 학기에는 수학점수를 80점 이상이 되게 한다든가 모의고사 점수를 기필코 30점 끌어 올린다든가 하는 계획을 세우고 공부하는 것이 훨씬 성공할 확률이 크다.

목표를 설정할 때는 마음 다지기의 방법으로 확실한 결과를 눈앞에 그리고 조용할 때마다 반복하면서 수련하는 것이 좋다. 그리고 한 번 정한 목표는 바꾸지 말고 줄기차게 밀고 나가야 한다. 자꾸 바꾸면 에너지가 분산되기 때문이다. 그렇게 하기 위해서 자주 보는 수첩이나 책상 앞 혹은 화장실에 눈에 띄도록 자신의 목표를 적어서 붙여 놓는 것이 좋다.

감정 정리는 신속하게 한다

과거는 과거일 뿐이다. 지나간 일을 끌어내 되씹으며 괴로워하는 사람처럼 어리석은 사람도 없다. '나는 성격이 이래서 도저히 견딜 수 없어' 라는 생각이 날 때는 찬찬히 전체의 상황을 되돌려 보아야 한다. 생각만 정리되면 불편한 심사가 풀리게 되어 있는 것이 사람이다.

공부를 하는 데 있어서도 불쾌한 감정이나 실망감은 주의력 집중에 큰 방해가 된다. 이러한 감정을 정리하지 못하고 며칠씩 가지고 있다는 것은 공부에 지장이 크므로 그만큼 나만 손해인 것이다. 신속하게 감정 정리를 잘하는 사람이 지혜로운 사람이다. 이미 형성된 것을 단기간에 바꾼다는 것이 쉬운 일은 아니지만, 마음을 들여다보고 생각을 잘 조절하면 전혀 불가능한 일도 아니다.

사람마다 얼굴이 다르듯이 취향도 각각이므로, 우리는 늘 의견 대립을 하고 그것이 불쾌한 논쟁이 불러오기도 한다. 좋지 않은 일, 자존심 상한 일, 실수에 대한 실망감 등은 세상살이에 늘 있을 수 있는 일이다. 그럴 때는 언제나 나라면 어떨까라는 마음으로 나 스스로를 먼저 바꿀 수 있어야 하며 언제나 내가 먼저 화해를 청할 수 있어야 한다. 그것이 내 감정을 다스리는 최선의 길이다.

지금까지 해보지 않은 일을 시작할 때 혹시 잘못되지 않을까 하여 걱정부터 하는 사람들이 있다. 그 이유를 물으면 실패를 미리 예상해 두어야만 그 일이 닥쳤을 때 당황하지 않게 되고 손해를 줄일 수 있다는 것이다. 정말 어리석은 주장이 아닌가? 그런 사람들은 생각이 그 생각에 준한 결과를 가져온다는 '마음의 법칙'을 모르는 사람들이다.

실패는 미리 생각할 필요가 전혀 없다. 실패했을 때는 당연히 후회하게 된다. 왜 실패할 것을 걱정한 나머지 후회할 결과를 부르려 하는가? 왜 실패를 생각하는 그 에너지를 가지고 성공 쪽으로 쏟지 못하는가? 그러면 성공에 한 발 다가설 수도 있을 텐데 말이다. 실패에 대한 생각은 불안감을 유발시키고 결단력을 약화시켜 좋은 기회들을 놓쳐버리게 한다.

일을 시작하기 전에 실패할 것을 미리 생각해 두어야 한다는 주장에 대해 독자들은 어떻게 생각하는가?

성공하는 친구와 친하라

'친구 따라 강남 간다'는 말이 있다. 성공을 원한다면 성공하는 사람과 친하도록 노력해야 한다. 주위의 친구들을 살펴보면 누가 성공하는 사람이고 누가 실패하는 사람인지는 그 사람의 표정이나 말로 즉각 알 수 있다.

성공하는 사람은 사물을 늘 희망적으로 생각하고 타인에게 친절하다. 언제나 밝은 표정을 지니고 있으며, 자신만만하고 남에게 책임 회피를 하지 않고, 모든 책임이 자신에게 있다고 믿고 있다. 어떠한 절망적인 상황도 희망으로 바꿀 수 있는 특별한 능력을 가지고 있다.

성공하는 사람은 생각이 다르고 말이 다르고 표정과 행동이 다르다. 성공하는 사람은 성공의 분위기를 가지고 있으며 그 자신감을 주위로 번지게 한다. 자신감이 넘치는 사람과 함께 있으면 나도 모르게 자신감이 생겨나는 것은 그런 이유이다.

잡념에 대한 이야기

공부할 때, 자주 잡념이 일어나 집중을 방해하는 것이 불만이라

성적, 이제 내 마음대로 한다

는 말을 자주 듣는다. 조금 더 집중력이 있다면, 조금 더 잡념을 이길 수 있다면 벌써 우등생이 되고도 남았을 텐데 하는 생각을 많이 하게 된다는 것이다.

그러나 잡념도 우리에게 꼭 필요한 의식작용 중에 하나이다. 어떤 상황에서든지 대뇌가 자극을 느끼게 되면, 그동안 숨어 있었던 것이 일어나 반사적으로 생각들이 만들어지는데 그것을 잡념이라고 한다. 세상에 불필요한 것은 존재하지 않는다.

잡념은 살아 있다는 증거이며 우리의 마음을 깨끗이 정화시켜 주는 매우 중요한 일을 한다. 우리 의식이 받아들인 정보도 시효가 있으므로 사용하고 나면 부담스런 것이 된다. 그런 것은 빨리 정리되어야 한다. 그것이 잡념이다. 그래야 우리 뇌가 최적의 상태를 유지하게 되기 때문이다. 그것이 남으면 마치 컴퓨터에 오류처럼 의식의 장애를 일어나게 할 수도 있다. 우리는 부정적인 것에 대해서도 긍정적으로 생각하는 습관을 들여야 한다. 그것이 모든 일을 성공적이 되도록 하기 때문이다.

한편, 잡념을 제거해야 할 필요도 있다. 잡념이 지나치게 많을 경우에는 목표한 공부를 제대로 해나가지 못한다. 따라서, 공부를 하기 전에 미리 잡념을 제거하는 훈련을 하여 머릿속의 잡다한 생각을 가라앉혀야 하는 것이다.

마음을 번거롭게 하는 상념을 없애기 위해서 명상처럼 좋은 방법도 없다. 그중에서 호흡을 느끼는 명상이 가장 우수하다. 호흡은 바로 생명이므로 시간이나 장소에 구애받지 않기 때문이다. 잠시동안 집중해도 틀림없이 효과가 있을 것이다.

호흡 느끼기가 숙달되면 복식 호흡으로 진행할 수 있다. 더욱 깊은 의식을 확보할 수 있어 잡념을 이기는 데 효과적이다.

자신의 내면에 원치 않는 마음가짐이 있다면 마음 다지기로 즉시 수정작업을 해야 한다. 그 마음가짐은 그대로 현실에 반영되기 때문이다. 우리의 뇌는 많은 것을 받아들이지만 지울 수도 있고 재입력도 가능하다. 늘 자신의 내면을 살펴 부정적이 되지 않도록 해야 한다. 성의 있게 자기 자신을 보았다면 개선해야 할 것도 많이 발견되었으리라. 그럴 때는 지체 없이 수정작업을 하여야 한다.

방법은 다음 장에서 상세히 소개하겠다. 수정작업은 그와 반대되는 새로운 정보(마음의 내용)를 잠재의식에 반복하여 입력(프로그래밍)하므로 가능하다. 먼저 없애야 할 내용을 지우고 원하는 내용을 입력시키는 작업이다. 우리의 의식구조는 컴퓨터와 거의 같다. 새 프로그램을 설치하면 그때부터는 그것이 실행된다. 물론 사람이 기계와 다르므로 그동안 깊이 자리잡고 있던 내용을 단번에 말끔히 지우기가 쉽지 않지만, 제대로 된 방법을 사용하면 놀랄 정도로 변화하는 것이 또한 사람이다.

사람의 마음은 항상 유동적이다. 그래서 관리하지 않으면 편하고 게으른 방향으로 흐르기 쉽다. 따라서 프로그래밍은 규칙적으로 반복되어야 한다. 잠자리에서 늘 밝고 희망에 가득 찬 생각을 하는 사람은 꿈 속에서도 좋은 장면들을 만나고 일상사가 밝게 변화한다. 반대로 잠들기 전에 쓸데없는 걱정으로 불안에 쌓인 채 잠들면 악몽에 시달리게 되고 마음의 조건도 부정적이 되어 원치 않는 사건들이 자꾸만 일어난다. 따라서 잠들기 전에 공부에 대한 생각과 마음가짐을 반드시 긍정적이고 적극적인 방향으로 정리하는 것이 좋다. 이것은 그리 힘든 일이 아니다.

잠재의식에 주는 메시지는 희미하고 약해서는 효과가 적다. 이것은 강렬하고 절실할수록 좋다. 그러므로 말보다는 영상이 훨씬 효과적이다. 우선 자신이 원하는 메시지를 만드는데 영상(비디오)과 말(오디오)을 함께 이용하도록 한다. 그리고 감정을 가미하여 효과적인 의식대(알파 상태)에 들어가 원치 않는 것을 분명히 지우고 매일 규칙적으로 준비된 메시지를 입력시킨다. '상상은 실제이다'라는 말이 이제는 낯설지 않은 세상이 되었다. 정신과학의 출현으로 누구나 이해할 수 있게 되었기 때문이다.

확실한 시각화는 그것에 준한 결과를 불러온다. 만약 감기에 걸려 있다면 잠자리에서 내일 아침 말끔해진 자신을 상상할 수 있으며 또는 내일 있을 수업이 즐겁고 재미있게 진행되는 것을 상상할 수 있다. 이런 생각들이 잠자는 내내 잠재의식에 깊이 심어진다. 긍정적인 상상을 매일 반복하면 자동적으로 공부에 대한 거부감이 사라지고 공부에 대한 호감과 함께 강한 의욕이 솟아나게 된다.

슬럼프, 한 단계 올라갈 때마다 찾아오는 자극제

전해오는 격언 중에 '도(道)가 깊으면 마(魔)도 깊어진다'는 말이 있다. 자신을 바꾼다는 것이 그리 쉬운 것은 아니기 때문이다.

몇 고비를 넘어야 비로소 안정을 얻을 것이므로 아직 자만심은 금물이다. 이제 좋은 습관이 제대로 들었나 보다 생각하고 안심하면 해이해져서 다시 공부를 게을리하기 쉬운데, 정신을 차렸을 때는 이미 성적이 한참 떨어진 경우가 많다.

필자의 방법대로 공부를 한다 할지라도 더러는 효과가 좀 늦는 사람도 있게 마련이다. 사람마다 약간의 차이는 있기 때문이다. 그럴 때는 느긋한 마음으로 기다릴 수 있는 여유가 필요하다. 또한 공부를 시작하여 얼마가 지나지 않아 괜히 의심이 생기고 공부에 회의가 올 수도 있다. 무슨 일이나 어느 정도 오르면 반드시 제자리에서 잠시 쉬게 마련이다. 이른바 슬럼프인데 이것은 거의 누구에게나 찾아오는 일이다.

슬럼프를 해결하려면 약간의 의지가 필요하다. 아침에 늦잠을 자던 사람이 일찍 일어나는 습관을 들이는 것도 그리 쉬운 일은 아니다. 매일 늦잠을 자던 사람이 아침 일찍 일어나면 처음에는 하루 종일 졸리고 능률이 오르지 않을 수 있다. 그러나 한두 주일 계속 의지로 이겨내면 곧 적응할 수 있는 일이므로, 그런 것을 너무 마음에 두어서는 안 된다.

처음에 느끼는 고통이 크면 클수록 변화를 더 확실히 느끼게 된다. 나중엔 잠자리에서 그날 공부한 것이 주마등처럼 떠오르기도 하며 아침이면 생동감 있고 도전적인 자세로 오늘은 어제보다 더 많이, 더 열심히 공부해야지 하는 생각에 잡념이 끼어들 틈이 없게 된다.

슬럼프가 오는 것은 유혹에 넘어가는 것을 경고하고자 하기 위함이다. 그것을 염두에 두고 있다면 왠만한 슬럼프는 충분히 해결할 수 있다. 처음에 온 급격한 고통을 이겨낸 후에 다시 자신도 모르게 해이해졌다면 다음 고비가 온 것이 아닌가 생각해 보아야 한다. 며칠간 자신의 행동이 자신도 이해할 수 없을 정도로 나태해짐을 눈치챘다면 해결의 실마리는 있는 것이다. 다시 시작할 수 있기 때문이다.

큰 무리 없이 약 3개월 동안 열심히 공부할 수 있게 되었다면 이제 고교 수준에서는 완성단계에 들었다고 볼 수 있다. 그런 열정

을 꾸준히 유지할 수 있다면, 이제 가지 못할 대학은 없다. 이미 변화 과정에서 성적의 변화도 충분히 나타났을 것이기 때문이다. 자신과의 경쟁에서 승리한 사람은 이제 더 이상 남과 경쟁할 필요가 없다. 자신의 페이스를 유지하면서 그대로만 밀고 나가면 무조건 되게 된다.

2. 공부가 즐거워지는 비결

세상에는 성공하는 사람도 많고 실패하는 사람도 많지만 그것은 거의가 그것을 행하는 사람에게 달려 있다. 성공하는 사람은 남다른 특징이 있다. 즉, 자기가 하는 일을 무척 좋아하며 일에 대하여 능동적이고 적극적이라는 점이다. 또한 자신의 일에 집념이 강하고 자신감에 넘쳐 있으며 불리한 분위기나 장애가 닥쳐도 흔들리지 않는다. 아울러 모든 책임을 스스로 지며 시간을 유효 적절하게 사용하므로 늘 여유를 가지고 산다.

반면에 실패하는 사람은 위와는 대조적이다. 즉, 맡은 일을 마지못하여 하고 있으며 자기 일에 프라이드가 없이 수동적·소극적이다. 또한 집념과 끈기가 없어 추진력 또한 약하며 조그마한 장애만 나타나도 기다렸다는 듯이 후퇴한다. 아울러 자신의 환경이나 조건에 불만이고 늘 허둥대고 시간에 쫓기는 생활을 한다.

좋아하니까 하기 싫을 이유가 없다

한마디로 공부를 싫어해서는 절대로 성적을 올릴 수 없다. 공부가 재미있고 공부하는 시간이 즐거우면 성적은 저절로 올라가게 되어 있다. 그러므로 공부에 앞서서 자신을 공부를 좋아하는 사람으로 만드는 것이 중요하다. 어차피 벗어날 수 없는 것이라면 차라리 공부와 친해지면 어떨까?

개도 자기를 귀여워하는 사람을 알고 그 사람을 위해 충성한다. 공부도 마찬가지다. 공부를 사랑하면 꼭 성적 향상이라는 보답을 준다. 학생 신분을 가지고는 어떠한 방법으로라도 공부에서 자유로울 수 없다. 공부에서 벗어날 수 있는 유일한 길은 당당히 맞서서 이기는 길뿐이다. 이것을 직시하여야 한다. 싫어하는 공부를 마지못해 진행하려는 것은 마치 브레이크를 걸고 자동차를 달리려는 것과 같다.

사람은 무슨 일을 하든지 자기가 좋아하는 일을 하게 된다. 그렇게 되어야 장시간 지속할 수 있으며 남다른 능률도 올릴 수 있다. 영어를 잘하고 싶으면 영어를 애인처럼 생각할 수 있어야 하며, 수학을 잘하고 싶으면 우선 수학을 좋아하고 수학문제 푸는 일에 흠뻑 빠질 수 있어야 한다.

K양은 요즘 공부에 재미가 붙기 시작했다. 재미가 있으니 밤늦도록 시간 가는 줄 모르고 공부에 열중한다. 공부의 재미를 알고 나니까 예습과 복습, 문제풀이 등 할 일이 너무 많았다. K양의 어머니는 처음에는 대견하게 생각하여서

성적, 이제 내 마음대로 한다

많이 격려하였으나 나중에는 은근히 딸의 건강이 걱정되기 시작했다. 자라는 말에 들은 척도 하지 않는 것을 참지 못한 어머니는 공부방에 들어가 강제로 불을 끄고 나왔다. 그 후 딸의 방은 조용해졌다. 한잠을 자고 나서 화장실을 다녀온 K양의 어머니는 딸의 자는 모습이 보고 싶어져 딸의 방문을 연 순간 놀라지 않을 수 없었다. 빛을 차단하기 위해 창문을 담요로 막아 놓고 그녀는 문제풀이에 열중하고 있었던 것이다.

공부가 좋은 진짜 이유 3가지

미지의 세계를 발견하는 흥미로운 작업 ▶ 깊이 생각하지 않아서 그렇지 사실 공부만큼 재미있는 것도 없다. 교과서 속에는 수많은 학자들의 피땀 어린 연구 실적이 가득하다. 국어, 수학, 물리, 사회, 지리 등 각 과목마다 유사이래 인류가 발견한 지식과 정보가 체계적으로 요약·정리되어 있다. 따라서 공부를 한다는 것은 몰랐던 미지의 세계를 발견하는 흥미로운 작업이다.

성적이 좋은 학생들을 보면 공부를 재미있어하므로 늘 관심은 그곳에 쏠려 있다. 또한 그들의 화제는 음악이나 야구, 축구보다 공부가 우선이다. 따라서 공부하는 것을 보면 전혀 힘들어하지 않았다. 마치 게임을 하는 것처럼 그 자체를 즐긴다.

공부는 선택받은 자들의 몫 ▶ 공부한다는 것 자체가 큰 행복이다. 이 세상에는 공부가 하고 싶고 학교에 다니고 싶어도 형편이 어려워 그렇게 안 돼서 괴로워하는 사람들이 의외로 많다. 학교다닐 나이에 직업전선에서 일하는 청소년들도 주위에서 얼마든지 있다. 어떻게 받아들일지 모르지만 필자가 초등학교를 졸업할 때만 해도 성적은 좋은데 입학금이 없어 중학교에 진학을 못 하는 급우가 우리 반에 절반이나 되었다. 좋은 부모 밑에서 공부에 열중할 수 있는 내가 얼마나 행복한가 사람인가를 한 번 깊이 생각해 보자.

당신은 선택받은 사람이다. 주위를 돌아 보라. 이 세상에는 공부보다 어렵고 힘든 일이 얼마든지 있다. 하루 종일 흥미 없는 같은 일을 반복하는 근로자, 영하 30도의 전방에서 경계 근무하는 군인, 가족을 떠나 일하는 선원이나 중동의 사막노동자, 난치병으로 고통받고 있는 환자 등등 공부할 수 있는 것이 얼마나 감사한 일인가 깊이 생각해 보라.

나의 희망과 꿈을 펼칠 수 있는 주춧돌 ▶ 공부는 한 만큼의 결실과 보람이 있고 또한 무엇과 바꿀 수 없는 성취감도 있다. 그것을 통해 우리는 세 가지 큰 이득을 본다. 우선 부모님과 선생님으로부터 믿음을 얻고, 그 다음으로 원하는 상급학교에 안정적으로 입학할 수 있으며, 마지막으로 보장된 장래를 확보한다. 세상 모든 일은 심는 대로 거둔다. 다소 귀찮고 힘들더라도 오늘 공부에 힘쓰면 주위로부터 인정받는 삶을 살 수 있다. 심지 않으면 거둘 수 없는 것이 자연의 철칙이다.

공부와 친해지는 3가지 방법

결과는 의식이 만든다. 세상에 원인이 없는 결과는 없다. 모든 일은 스스로가 그렇게 만들어 놓은 결과이다.

간단한 예를 들어 컴퓨터의 입력과 출력을 생각하면 쉽게 이해가 될 수 있다. 왜냐하면 컴퓨터는 인간의 뇌를 모델로 하여 만들어진 것이기 때문이다. 그것에 무엇을 입력시켰느냐에 따라 내용이 정해지며 출력은 언제나 입력시킨 그대로 이루어진다. 출력되어지는 것이 마땅치 않을 경우에는 새로운 입력으로 먼저의 것을 대체하면 된다. 절대 입력하지 않은 내용이 출력되는 경우는 없으며 언제라도 입력자의 마음대로 내용을 바꿀 수 있는 것이다.

조용히 관조하라 ▶ 심신을 느슨하게 하고 자신에 대하여 그리고 공부에 대하여 관조하는 것이다. 기본적 파악이 되지 않으면 시작조차 어렵게 되는 것이 우리의 심적 조건이기 때문이다.

관점을 바꿔라 ▶ 공부에 대한 시각을 바꾸는 것이다. 생각만 바뀌면 그것이 귀찮기만 한 것이 아니라 꽤 즐거운 작업이라는 사실을 알게 되기 때문이다. 위에서도 말했듯이 사람은 즐거운 일을 찾아가기 마련이므로 시각이 변하면 공부에 쏟는 시간이 늘어날 것이다.

과정을 즐겨라 ▶ 너무 결과에 집착하지 말고 공부하는 과정 자체를 즐기는 것이다. 사람들은 모두 결과, 즉 좋은 점수만을 바라면서 정작 공부하는 과정은 귀찮아하고 있다. 결과는 과정에 의해 나타나는 자연스런 것이다. 공부하는 과정을 싫어하면서 성적을 올릴 수는 없다. 성적보다는 과정을 즐기도록 해보자. 좋은 성적은 저절로 따라 오게 되어 있다.

시작하기 전에 워밍업을

기계라 할지라도 작동을 시작하기 전에 워밍업이 필요하다. 시동을 걸자마자 바로 출발하면 엔진에 무리가 가게 된다. 학습의 능률을 올리기 위해서는 일단 공부를 시작하기 전에 이전의 생각들을 정리하여야 한다.

책상에 앉자마자 무턱대고 책을 펼치고 공부를 시작하는 것은 무리이다. 실제로 공부를 시작하고 나서 처음 5분 동안은 별로 능률이 오르지 않는다. 공부를 시작하기 전에 했었던 일들, 예를 들어 친구와의 대화나 텔레비전의 내용들이 기억에 남아 있어 아직 공부 쪽으로 전환이 안 되었기 때문이다.

그러므로 공부를 시작하기 전에 우선 명상을 통하여 마음을 정리하여 공부에 대한 방해요소나 거부반응들을 해소하여 충분히 안정상태가 된 상태에서 공부를 시작하는 것이 좋다. 마치 화가가 새 그림을 그릴 때 먼저 쓰던 붓을 깨끗이 빨고 새 물감을 사용하는 것과 같은 이치이다. 먼저 쓰던 물감이 묻은 붓에 새 물감을 찍어 원하는 색상을 낸다는 것은 실로 어려운 일이다.

우선 오늘 할 공부의 재미있는 부분을 발견하고, 공부 속에 있

는 무궁무진한 흥미를 찾아가고 있다고 발상을 전환해야 한다. 그
것은 공부의 영양제가 될 것이며, 그렇게 되어야 삼매(三昧) 속에
서 장시간 공부할 수 있다.

K양은 어느 날 갑자기 책을 내던지고 밖으로 뛰어나가고
픈 충동을 느꼈다. 이것은 자신도 이해하기 어려운 일로 자
연발생적 현상이었다. 필자와 상담을 하고 난 후 그것은 잠
재의식의 문제, 즉 자신의 내면 속에 '공부는 지겨운 것이
다' 라는 생각이 자리잡고 있음을 알게 되었다. 필자는 그녀
에게 역(逆) 프로그래밍의 방법을 지도하였다. 마음속에 각
인된 메시지를 완전히 뒤집어 버리는 이 훈련방법을 통해
K양의 사고방식을 뒤바꾸는 것이다. 뒤바꾸려는 강력한 메
시지를 그녀의 마음속에 집중적으로 심어주면서 내면 수련
이 계속되었다. 그 수련을 하고 난 후부터 점차 책상에 앉
으면 차분한 마음이 되었으며, 보기 싫던 수학 선생님이 좋
아지게 되었다. 걸림돌이 되었던 그녀의 마음속의 짐을 치
워버리게 되었으니 자연스레 전체 성적이 오르기 시작했
다. 자기 전에 잠자리에서 자신과 대화하는 것도 효과적이
었다. 다시 말해 자신과의 진솔한 대화가 K양을 새롭게 변
화시킨 것이라 할 수 있다.

미래를 바꾸는 상상의 힘 ▶ 상상(想像)은 확실한 힘을 발휘한다. 그것은 너무나 틀림없는 일이다. 상상이 망상과 다른 점은 내면에 분명하게 작용한다는 것이다. 꼭 알아두고 잊지 말아야 할 것은 성공하는 상상은 꼭 성공을 부른다는 것이다. '콩 심은 데 콩 나고 팥 심은 데 팥 난다' 는 것은 만고불변의 진리이다. 상상의 힘을 믿는 사람은 자신의 미래를 바꾸는 사람이 된다. 늘 "나는 운이 좋은 사람이다"라고 말하자. 운은 스스로 만드는 것이기 때문이다.

상상은 그 내용 그대로 그 사람의 마음을 만들며 그 마음은 곧바로 우주의 힘과 교통한다. 자연히 우주는 상상했던 그대로를 실현시킬 수밖에 없다. 우주의 힘은 특별히 누구를 미워하지도 사랑하지도 않는다. 그저 주문하는 대로 해줄 뿐이다. 실패를 원한다면 실패를 상상하라. 그대로 받을 것이다.

효과적인 상상은 우왕좌왕 하지 않는다. 언제나 주제가 뚜렷하며 마지막까지 일관되게 구성되어 있다. 주제가 없이 처음과 나중이 중구난방인 망상과는 시작부터 다르다. 집중이 없는 상상을 허상(虛像)이라 부른다. 조절된 의식 속에서 자신이 원하는 것을 확실하게 그려라. 잠시 후면 눈앞에 현실로 나타날 것이다.

에너지가 필요하다 ▶ 세상 모든 것이 에너지가 필요하듯 우리의 의식(意識)도 에너지의 뒷받침이 있어야 초점이 잡히게 된다. 의식의 조건은 에너지의 압력이 떨어지면 즉시 주제를 바꾸게 되어 있다. 에너지 보충을 위해서 잡념이 들어오기 때문이다. 지능기공이 효과적이라는 것은 에너지[氣]의 활용에 의하여 넉넉한 에너지를 뒷받침하도록 되어 있기 때문이다. 상상하는 동안 내내 에너지가 충당되기 때문이다.

이 책을 읽는 것만으로 누구나 만족스러울 정도로 괄목할 만한 효과가 있기를 나는 간절히 원한다. 그러나 이 책의 독자 모두가 그렇게 되기는 어려울 것이다. 에너지 때문이다. 독자 중에는 이 책을 읽는 것으로 끝날 사람도 있을 것이고 또한 의심하는 마음으로 수련을 대충 해버릴 사람도 있을 것이기 때문이다. 사람마다 받는 에너지가 다르다. 의심하는 마음으론 에너지를 지속적으로 받을 수가 없다.

성공적 미래를 원한다면 이 책이 시키는 대로 단 한 달만이라도 지속해 보라. 확실하게 에너지를 알게 될 것이고 집중력은 놀랄 정도로 향상될 것이다. 사물을 보는 눈이 변할 것이고 주위 모두가 내 편이 될 것이다. 전혀 변화를 느끼지 못하는 사람은 없을 것이다. 왜냐하면 나는 이 책에 특별한 기운을 심어 놓았기 때문이다. 그것은 긍정적인 기운이며 성공시키는 기운이며 만인을 살리는 기운이다.

S양은 아무리 노력을 해도 언제나 모의고사 성적이 290점을 넘지 못하고 있었다. 자신이 원하는 Y대를 가기 위해서는 최소한 350점은 되어야 하는데 말이다. 고민하던 중 필자를 만나게 되었고 나는 공부에 대한 그녀의 시각에 대

해(낙관적인가? 부정적인가?) 명상해 보도록 지시했다. 그 결과는 공부나 시험에 대한 그녀의 시각이 '된다'는 긍정적인 면보다는 '어렵다' '안 된다'라는 방식으로 고정되어 있음을 깨닫게 되었다. 필자의 지시에 따라 상상력 수련을 쌓아가기 시작했다. 가능성에 대한 자기 암시를 수천 번 수만 번 반복하면서 항상 그 메시지만 집중하도록 지시했다. 3개월 후, 그녀의 어머니로부터 흥분에 겨운 전화를 받게 되었다. "우리 아이가 이번 모의고사에서 356점을 받았어요" 그 후 그녀의 점수는 380점까지 오르게 되었고 S대도 가능케 되었으나 평소 원하는 Y대에 진학하였다.

성적이 오르지 않는 사람을 보면 자신도 모르게 부정적인 기운에 젖어 있다. 그것은 학습능률에 절대적으로 마이너스가 된다. 부정적인 기는 매일같이 긍정적인 기를 받음으로써 해결된다. 활동적인 기를 가슴속 깊이 간직하도록 늘 애써야 한다. 그러기 위해서 언제나 성공하고 즐거워하는 자신의 모습을 자주 상상할 일이다. 실패는 생각도 말아야 할 것이다.

성적, 이제 내 마음대로 한다

3. 우등생은 교과서 중심으로 공부한다

공부의 기본은 학교 수업시간에 이루어진다. 따라서 학교 수업에 충실하는 것이 성적을 올리는 첩경이다. 학교수업에서 다루어지는 내용은 엄선된 것뿐이다. 혹 선생님의 수업방법이 마음에 들지 않고, 수업 분위기에 다소 적응키 어려워도 수업시간은 반드시 충실하게 되도록 노력하여야 한다.

어차피 참여해야 하는 수업이라면, 그 시간에 하나라도 더 듣고 익히겠다는 마음이 중요하다. 한 번 학교 강의시간을 허비하기 시작하면 그것이 습관이 들어 더 많은 시간들을 낭비하게 될 가능성이 높다. 아마도 그 시간을 모두 더한다면 엄청난 시간이 될 것이다. 입시공부 한다고 잠을 줄여가며 공부하면서, 학교수업을 등한시한다는 것은 너무도 어리석은 일이 아닌가?

교과서, 가장 핵심적인 지식들의 총집합

교과서는 최고의 선생들이 힘을 합해 연구를 거듭하여 정리해 놓은 것이다. 그러므로 평생을 살아가는 데 꼭 필요한 기본적 지식들로 가득 차 있다. 단계적으로 우리가 배워야 할 것들을 모두 망라하고 있으며, 요점 잡힌 내용의 돋보이는 구조는 향후 우리가 무슨 일을 하든지 그것을 잘 소화해 낼 수 있도록 기본적 자질을 갖추어 준다.

대학엘 간다 할지라도 마찬가지다. 강의에 충실해야 한다. 교수들은 자신만의 특수성을 가지고 있으며 그것은 다른 것으로 보충하기가 어렵다. 그리고 자신이 강의한 내용을 그대로 시험에 내기도 한다. 특히 중등과정의 학교 공부는 앞으로의 진행될 모든 공부들과 직결되며 모든 공부의 중심에 있다. 아무리 어려운 시험이라 할지라도 그 출처가 되는 것은 학교 교육이다.

중고등학교에서 수업을 소홀히 하면 틀림없이 상급학교나 사회에 나가서 많은 고생을 하게 된다. 지금 성실히 해두지 않으면 레포트 하나 쓰기가 쉽지 않으며 업무 파악도 제대로 할 수 없다. 그곳에는 과외 수업이 없기 때문이다.

교과서는 그저 아무렇게나 씌어진 것이 아니다. 학생이 공부하는데 최선이 되도록 많은 선생님들이 모든 심혈을 기울여 정선된 내용으로 되어 있다. 따라서 가장 적은 시간을 들여서 가장 효과를 많이 볼 수 있는 것이 바로 교과서이다. 그것만 파악하면 거의 상위로 오를 수 있다.

꼭 교과서를 제대로 이해하고 난 후에 참고서를 보아야 한다. 교과서 내용이 너무 밋밋하여 어떤 사항이 중요한 사항인지 파악하기 어렵다면, 그때 참고서나 문제집을 통해 다시 한 번 중요한 내용들을 파악하면 된다. 그래도 교과서에 있는 내용을 중심으로 공부해야 한다. 참고서는 말 그대로 참고하기 위해 보는 것이다.

특히 용어나 원리를 설명하는 부분은 철두철미하게 이해해서 거의 외울 정도가 되어야 한다. 그렇게 되고 나서 그것을 토대로 해서 교과서와 참고서의 모든 문제를 풀 수 있어야 한다. 쉽게 말하자면 교과서의 내용만 이해하고 나면 어떤 참고서의 어떤 문제도 풀 수 있다.

교과서가 중요한 이유는 공부의 기본적 개념을 제대로 이해하는 것이 매우 중요하기 때문이다. 기본적인 개념을 제대로 알아야 그를 기초로 해서 각종 정리가 도출되고, 그로부터 여러 가지 응용문제를 풀 수 있게 되는 것이다.

낚시법을 배울 것이냐? 물고기만 얻어갈 것이냐?

과외나 학원에서 가르치는 것은 어디까지나 보충적인 내용이다. 특별히 고액을 지불하고 기초부터 가르치는 개인지도가 아니라면, 대부분 보충을 위한 강의에 익숙한 선생님의 것이다. 학교 강의가 마음에 들지 않는다고 과외나 학원에서 배운 내용만 열심히 공부한다면 이것은 기본을 등한시하면서 보충적인 것만 배우는 공부가 될 것이고, 이런 학생은 학문이 깊어질수록 더 어려움을 느끼게 된다.

특히 어려서는 공부를 잘했는데 시간이 가면서 성적이 떨어지는 학생이라면 이런 이유 때문이 아닌지 따져볼 필요가 있다. 기본을 갖추지 않은 채 어려운 문제를 푸는 것은 단순한 내용을 주로 다루는 저학년에서는 가능했을지 몰라도 배워야 할 내용이 크게 늘어나는 고학년에서는 통할 수 없는 방법이다.

이런 학생이 성적을 올리는 최선의 대책은 아무리 늦었다고 생각이 될 때라도 다시 기본에 충실한 공부를 시작하는 일이다. 작은 부분이라도 원리에 맞춰 차근차근 이해하는 것이 무작정 외우다시피 많은 내용을 알고 있는 것보다 훨씬 더 효과적이기 때문이다.

여러 가지 이유로 과외에 너무 의존하는 것은 바람직하지 못하다. 공부는 스스로 할 수 있어야 되기 때문이다. 스스로 하지 않는 공부는 공부가 아니라고 여러 번 말했다. 선생이 알아서 모두 다 해주는 공부는 학생의 공부가 아니라 선생의 공부이다.

과외 학습이란 원래 학교 공부의 보조로 만들어진 것이다. 요즘에 와서는 주객이 전도하여 과외가 주가 되고 학교 공부는 그 보조의 위치로 전락하고 말았다. 학교에서 배울 내용을 예습·복습시키다 보니까 학교에서는 배울 것이 없어졌기 때문이다. 그러다 보니 많은 학생들이 밤늦게까지 과외를 하고, 학교는 단지 피곤을 풀기 위해 잠자는 곳이 되고 말았다.

과외선생은 원리보다는 내용을 요약해서 문제를 쉽게 푸는 법을 알려 주는 데 능한 사람이다. 인기 있는 선생일수록 세밀하게 내용을 풀어주는데 그것이 오히려 역효과를 부를 수 있다. 과외로 인해 학생이 머리를 쓰지 않을 가능성이 있기 때문이다. 논리체계를 차근차근 설명하지 않고 내용만 요약해서 설명해 주면, 뇌에

성적, 이제 내 마음대로 한다

건성으로 새겨지기 때문이다. 그리고 이 학생이 다시 학교에서 강의를 들을 때는 이미 알고 있는 사항이기 때문에 졸거나 대강 흘려버리고 말 것이다.

처음부터 체력을 길러 오래 책상에서 견딜 수 있는 방법을 가르쳐 주고 집중력을 길러 각 과목의 기초를 스스로 닦아 자기 것으로 만들 수 있게 도와주는 과외라면 권장할 만하다. 또한 스스로 공부하는 습관을 들여주는 과외라면 더욱 좋다. 그러나 우리 주위에 그런 과외는 만나보기 힘들다. 다소 투박하더라도 공부에 재미가 붙도록 만들어 주는 선생 즉, '고기를 잡아주는 것'이 아니라 '고기 잡는 법을 가르쳐 주는' 그런 선생을 찾아야 한다. 문제를 풀어주는 것이 아니라 문제의 파악할 수 있게 도와주는 선생, 좋은 공부 습관을 몸에 배게 해주는 그런 선생이 필요하다.

과외도 학생이 하려고 하는 의욕이 있을 때만 효과를 발휘할 수 있다. 그러나 지금 대부분의 학생은 그런 의욕이 상실되어 있다. 지금이라도 하고자 하는 의욕을 고취시켜서 심신 모두가 통일되어 공부하는 그런 훌륭한 과외를 우리 모두 기대하여 본다.

4. 집중력을 위한 알파(α)파 만들기

우리의 내면에는 누구에게나 위대한 잠재능력이 잠자고 있다. 모든 일을 성취하게 하는 힘이다. 성적을 올리려면 반드시 이 잠자는 능력을 깨워야 한다. 이 잠재능력이 깨어나면 우리의 두뇌 능력은 모든 면에서 크게 향상된다. 우선 정신적인 안정을 얻어 공부에 대한 압박을 받지 않게 되며 집중력과 이해력, 응용력이 크게 향상된다. 자연스럽게 많은 양의 공부를 더 짧은 시간에 할 수 있게 된다.

두뇌능력을 키우지 않고 무조건의 노력만으로 공부하는 것은 무리한 시도이다. 병력만 많다고 전쟁을 이기는 것은 아니다. 전술과 전략이 필요하며 거기에 강력한 무기도 필요하다. 정말 성적을 꼭 올려야 한다면 자신의 잠재능력과 친해야 한다. 잠재능력은 언제나 나를 도울 준비를 하고 있음을 알라.

우리는 텔레비전을 통해 가끔씩 신비한 기억력 쇼를 본다. 짧은 시간에 각 종이마다 씌어진 백여 개나 되는 어려운 단어들을 한 번 쭉 훑어보고 눈을 가린 채 사회자가 번호를 대면, 그 번호에 해당하는 단어를 척척 맞추는 초인적인 기억력을 가진 사람이 하는 프로 말이다. 개중엔 그것을 부러워한 사람도 있을 것이다.

성적, 이제 내 마음대로 한다

그러나 그것은 대단할 것이 없다. 집중력에 약간의 테크닉을 더한 것으로서 누구에게나 가능한 일이기 때문이다. 우리의 마음은 본인이 해내려고만 하면 무슨 일이든 해낼 수 있다. 만일 당신이 자신의 두뇌능력을 지금보다 몇 배 강한 능력으로 증진시키고자 한다면 기본 요령만 터득하면 된다. 지금 당장이라도 그렇게 할 수 있다. 잠재능력은 고도의 정신작용을 가능케 하므로 두뇌능력을 빠르게 증진시켜 주기 때문이다.

집중력과 잠재능력

잠재능력을 이끌어 내려면 잠재의식을 조절하기만 하면 된다. 그렇게 하기 위해서는 먼저 잠재의식의 뇌파대로 우리의 뇌를 조절하여야 한다. 잠재의식은 순수하므로 우리가 보내는 능력개발 프로그램을 자연스럽게 받아들인다. 잠재의식을 이끌어 내는 시작은 집중력에 있으므로 우리는 집중력 강화훈련을 먼저 하게 된다. 집중력을 얻게 되면 심신이 평온하고 안락해짐은 물론, 그렇게 바꾸기 힘들었던 마음의 조건들을 내가 원하는 대로 만들어낼 수 있게 된다.

그것은 그대로 학습력의 향상을 가져온다. 잠재능력의 기억작용은 이미 우리가 알고 있는 것보다 훨씬 뛰어나, 잠재의식 속으로 들어가 기억해 내고자 하는 것에 초점을 맞추면 그때 상황이 그대로 떠올라 사라졌던 기억을 떠오르게 하기 때문이다. 잠재의식의 기억 작용은 경이로운 것이어서 본 것은 무엇이나 그대로 끌어낼 수 있으며 심지어 잊혀진 기억들까지도, 때로는 경험하지 않은 것까지도 떠올리는 초능력 현상도 일으킨다.

우리의 두뇌능력은 개발해서 사용하면 할수록 점점 더 증진되는 속성이 있다. 그 가능성은 무한하다. 그러므로 성적이 좋지 않은 학생일수록 잠재능력을 개발하는 데 힘써야 한다. 사람은 누구에게나 천재적인 학습능력을 가지고 있으며 개발해 낼 수 있다. 이것만 손에 쥐게 되면 두뇌능력 부족으로 인하여 더 이상 좌절하거나 상처받지 않으며 자기의 능력을 100% 사용할 수가 있다.

집중력 - 평온함이 우선

집중력 훈련을 위해 학생들을 앉혀 보면 즉시로 그 학생의 심성을 알 수가 있다. 마음이 흐트러진 사람은 몸도 흐트러져 있어 단 15분도 차분히 앉아 있지 못하기 때문이다. 끊임없이 팔다리를 움직이려 들고 시선을 한 곳에 두지 못한 채 어쩔 줄 모른다.

집중력을 위해서는 평온함이 우선이다. 그것이 이루어져야 뇌를 조절할 수 있기 때문이다. 평온이 없으면 공부는 고사하고 책상에 단 30분도 차분히 앉아있을 수가 없다. 정신이 산만해지고 몸이 자꾸만 흐트러지기 때문이다. 그래 가지곤 공부를 제대로 할 수가 없다. 그러므로 집중력에 앞서 자신의 심신을 평온하게 하는 것을 배워야 한다. 평온이 없으면 집중력도 없기 때문이다.

집중력이 좋아지면 때와 장소 등 주위환경에 관계없이 공부에 몰두할 수 있으며 아울러 시험에서 뛰어난 능력을 발휘할 수 있다. 또한 보너스로 공부와 일에서 마음의 여유도 누릴 수 있게 된다. 우선 책상에 앉아 자신을 평온하게 만드는 것으로 공부를 시작한다. 평온은 집중을 부르고 집중력이 좋아지면 자동적으로 성적이 오를 것이기 때문이다.

알파파란 무엇인가?

우리의 두뇌능력은 뇌신경 세포가 얼마나 활성화되어 있느냐에 따라 천재적인 능력을 발휘하는 영재가 될 수도 있고 둔재 소리를 들으며 평생을 살 수도 있다. 정신수련을 통해 뇌신경 세포를 활성화시켜 뇌기능을 활발하게 해주면 누구나 영재가 될 수 있다.

인간의 뇌 속에는 순간순간 변하는 전기적 흔들림이 있는데 그것을 우리는 뇌파(腦波)라 부른다. 이 뇌파의 리듬을 여러 가지 진동의 형태로 나타낼 수 있는데, 그 진동의 형태는 우리의 의식 활동과 아주 밀접한 연관성을 가지고 있다.

학자들은 그 진동하는 주파수 폭의 모양에 따라 알파(α), 베타(β), 세타(θ), 델타(δ) 파(派)로 각각 이름을 붙여 규정지어 놓았다. 알파파는 8~14CPS, 즉 1초에 8~14번의 진폭을 갖으며, 베타파는 15~20CPS, 세타파는 4~7CPS, 델타파는 0.4~3CPS의 진폭이다.

베타파는 평상시 뇌파상태로서 긴장해서 바쁘게 움직이거나 무언가에 골똘하게 신경을 쓰고 집착하고 있는 초조한 의식 상태이다. 즉 심신이 긴장되어 있어 정신 안정이 안 되고 정신집중이 안 됨으로써 사고력이 떨어지고 판단력이 흐려져 있는 상태이다. 그러므로 차분하게 문제를 풀어 나갈 수 없는 정신 상태이다.

세타파는 두 가지로 쓰인다. 일반인의 경우 비몽사몽의 정신 상태, 즉 잠과 의식 사이를 왔다갔다 하는 졸음의 상태이다. 하지만 정신수련을 하는 사람들에게는 깊은 삼매(三昧)에 들 수 있는 특수한 뇌파대(腦派帶)이다.

델타파는 아주 깊은 수면에 있는 상태로서 누가 업어 가도 모를 깊은 수면의 정신 상태를 말한다. 그래서 델타파는 의식이 거의 없는 깊은 수면의 상태라 말할 수 있다.

집중력을 위해 특히 필요한 것은 알파파로서, 이때 두뇌능력이 최상의 상태로 발휘한다. 몸과 마음이 평온해지고 의식 활동이 아

주 활발하여 우리의 정신 활동이 최고 상태에 달한다. 집중력은 물론 기억력, 이해력, 사고력이 아주 높아진다.

기억력을 높인다

우리가 보통 머리가 좋고 나쁨을 기억력이 좋고 나쁨으로 이해하는 것은, 그만큼 두뇌능력에 있어 기억력이 차지하는 비중이 높기 때문이다. 이 기억의 열쇠를 알파파가 상당 부분 쥐고 있다. 그러므로 알파파로 자신의 의식을 조절할 수 있는 사람을 결국 머리가 좋은 사람, 기억력이 높은 사람이라 하는 것이다.

시중에 집중력을 좋게 해준다고 고가의 제품을 광고하고 있으며 더러 그것으로 효과를 봤다는 사람도 있다. 원래 그 기계는 잠자리를 바꾸면 잠을 못 자는 사람을 위해 제작되었던 것인데, 우리나라에 와서는 집중력 향상의 기계로 대접받고 있다. 반복되는 소리와 빛이 알파파로 유도한다는 것인데 아직 부작용에 대해서는 검증되지 않았다. 그러나 스스로의 조절로 쉽게 알파파에 이를 수 있다면 굳이 그런 기계는 필요없지 않을까 한다. 만물의 영장인 인간이 뇌 조절을 기계에 맡긴다는 것이 왠지 부자연스러운 일은 아닐까?

수련을 하면 스스로의 조절로 누구나 알파 상태를 자연스럽게 확보할 수 있다. 알파 상태를 알면 평상시에도 머릿속을 맑고 깨끗하게 유지할 수 있으며, 조금만 주의력 집중을 해도 금방 뇌파가 알파파로 만들어 두뇌활동을 최고의 상태가 되게 할 수 있다. 즉, 필요할 때마다 언제든지 정신력을 사용하는 사람이 되는 것이다.

알파파 만들기

알파파에서 공부한다는 것은 뇌의 효율을 최대로 만드는 공부법이다. 알파 상태는 심신을 편안하고 안락하게 하면서 집중력을 높여 주는 뇌파대이다. 알파파의 뇌 상태는 에너지 소비를 최소화하므로 활력을 유지시켜 주므로 장시간을 지치지 않고 공부할 수 있게 해준다. 자연히 기억력과 사고력, 이해력, 판단력이 뛰어나게 된다.

알파 상태에 들어가는 수련은 부록 CD(Part Ⅰ: 집중력·기억력·이해력·창조력 극대화 시키기)에 실어 놓았다. '된다'는 자신감으로 지시하는 대로 따라 하면 틀림없이 스스로 알파 상태를 확보할 수 있다. 처음 한두 번은 만족하지 못할지라도 지시하는 대로 자신을 맡기고 10회 정도만 수련하면 알파 상태가 자연스럽게 내면에 입력된다. 그러면 집중력과 함께 신진대사가 좋아져 건강이 믿을 수 없을 정도로 좋아지기 시작한다. 저항력이 좋아져 감기에도 강한 몸이 되는 것은 물론이다. 기(氣)가 활성화되었기 때문이다.

기본 요령으로 우선 몸의 기운을 빼는 것이고, 다음으로 마음의 상(像)에 정신을 모으는 것이다. 그렇게 되면 자동적으로 효율적의식상태, 즉 알파 상태에 들어가게 된다. 이 방법은 옛날부터 도인(道人)들이 정신통일을 하기 위해 쓰던 방법이다. '정신통일하사불성(精神統一何事不成)'이라는 말이 있다. 정신을 통일을 하면 세상에 못 이룰 일이 없다는 말이다. 잘 익혀두면 평생 동안 세상을 이기는 큰 무기가 될 것이다.

꼭 성적을 올리겠다는 각오가 있다면 아마도 몇 번 안 가서 기본요령을 터득하게 될 것이다. 일단 도움을 받아 알파 상태를 확보하고 나면 자기 힘으로 그 상태에 들어가는 연습을 하는 순서이다. 자기 것으로 만들어야 하기 때문이다. CD에서 내가 해주듯 자연스럽게 스스로를 프로그래밍 해본다. 먼저 몸을 느슨하게, 다음은 마음의 상(像)에 의식을, 다음은 자연스럽게 호흡을 지켜본다. 기분좋게 알파 상태에 들어갈 것이다.

스스로 프로그래밍 하여 몰입이 성공되면 이번엔 빠른 몰입을 위한 단축키를 만들어야 한다. 필요할 때 몇 초 내에 알파 상태를 확보하여야 하기 때문이다. 부록CD(PartⅡ : 순간 집중력 키우기)을 활용하면 쉽게 단축키를 잠재의식에 심을 수 있을 것이다. 10회 정도만 수련하면 완전히 자신의 것이 된다. 그러고 나면 정신력을 쓰는 사람이 된 것이다. 공부에 최대한 활용하라. 최소한 10배 이상의 효율을 얻게 될 것이다.

공부할 때 언제나 알파 상태를 이용하도록 한다. 마음의 자세는 우선 마음을 평온하게 유지하고 전체 내용이 한눈에 쏙 들어오며 기억이 아주 잘된다는 마음을 계속 유지하며 공부를 한다. 주의할 것은 결코 억지로 기억시키려 들지 않고, 자연스럽게 해야 한다는 것이다. 마음의 욕심은 심신을 긴장하게 하여 뇌파를 베타파로 올림으로써 기억의 작용과 판단력을 떨어뜨려 학습에 장애를 주기 때문이다.

잠재능력을 이용한 공부법

이제는 어떻게 하는 것이 효과적인 학습방법인지 해답을 얻었을 것이다. 잠재의식을 사용하는 공부는 기억의 작용을 아주 뛰어나게 한다. 집중력이 최대로 활용됨으로써 효율적인 학습이 되므로, 잠을 줄여 많은 시간을 공부에 쏟아 붓지 않아도 성적은 계속해서 오르게 된다. 아울러 심신이 지치지 않고 언제나 상쾌함이 유지된다.

공부를 시작할 때 ▶ 수업을 시작하기 전에 잠시 몸을 느슨하게 한 후 천천히 눈을 감고 알파 상태에 들어가 조용히 내면을 향해 "지금부터 나는 수업을 받는다. 최대의 집중력으로 내용 전체를 빠짐없이 습득할 것이며 언제 어느 때라도 필요할 때는 부르기만 하면 나온다"고 말한다. 이때 온몸에 기 가 흐르는 것을 느끼고 조용히 눈을 뜨고 수업에 임한다. 부록 CD를 가지고 연습했다면 불과 몇 초면 가능한 일이다.

공부가 끝났을 때 ▶ 그대로 일어나지 말고 다시 몸을 느슨하게 하며 천천히 눈을 감고 알파 상태에 들어가 공부한 내용을 빠르게 회상해 본다. 이때 회상이 되지 않는 것은 공부가 되지 않은 것이다. 그 부분은 책에 표시를 하여 복습할 때 다시 한 번 보도록 한다.

시험볼 때 ▶ 숨을 고르면서 천천히 눈을 감고 알파 상태에 들어가 조용히 내면을 향해 "지금부터 나는 시험을 본다. 시험을 보는 내내 잠재능력이 최대로 활용될 것이며 최고의 점수를 받는다"고 말한 후 눈을 뜨고 시험에 임한다.

아는 문제를 모두 쓰고 처음 보는 문제가 있으며 다시 눈을 감고 선생님을 상상한 후 선생님에게 답을 물어 본다. 제대로 잠재능력과 연결되었다면 실제로 선생님이 답을 일러주거나 보았던 교과서나 참고서의 그 부분이 눈앞에 나타난다. 전혀 공부를 하지 않은 내용의 경우는 호흡을 고르며 마음이 가는 대로 답안을 작성한다. 잠재능력과 연결되어 있으면 전혀 모르는 문제라 해도 놀랄 정도로 적중률이 높게 나타난다.

상상은 실제이다

아인슈타인은 자기 뇌의 10%를 사용하였으며 보통 사람은 자기 뇌의 3% 밖에는 사용하지 못한다는 말은 정신계에서는 흔히 듣는 말이다. 불행히도 우리가 지니고 있는 두뇌능력을 거의 사용하지 못하므로 능력 부족에 허덕일 수밖에 없는 것이다. 정말로 우리가 아직 사용해 본 적이 없는 97%나 되는 거대한 능력을 개발해 공부에 이용한다면, 기억력은 물론 이해력 · 사고력 · 창의력이 상상하기 어려울 정도로 개발될 것이다.

상상 능력은 우리 인간만이 가지고 있는 능력이며, 인간의 모든 업적은 이것에 의해서 이루어졌다고 해도 과언이 아니다. 상상은 그것에 준하는 결과를 끌어오기 때문이다. 그러나 우리는 그런 우리의 능력을 잘 모르고 있으며 따라서 그 능력을 거의 사용하지 못하고 있다.

특히 공부하는 학생에게 있어서 뇌를 효과적으로 사용하는 것은 너무나도 필요한 일이다. 그것을 제대로 활용하기만 한다면 더 적은 시간에 더 많은 공부를 할 수 있음은 물론 필요할 때 언제나 회상하여 사용할 수 있기 때문이다.

나는 누구나 늘 사용하는 상상력이 공부에도 필수적이라고 확신한다. 오랫동안 정신세계를 연구해 오면서 정신의 힘이라는 것은 모두가 상상력으로부터 나온다는 것을 너무나 잘 알고 있기 때문이다.

오감을 통하여 들어오는 정보 중에, 가장 강력하게 뇌에 각인되는 정보는 눈을 통해서 들어오는 정보이다. 우리의 감각기관 중에 으뜸은 시각이기 때문이다. 따라서 학습내용을 상상하면, 짧은 시간에 많은 학습내용을 머릿속에 장기적으로 보관하는 결과를 가져온다. 공부를 할 때 상상이 중요한 것은 이 때문이다.

따라서 정말 효과적으로 공부를 하고 싶다면, 학습내용에 따라 효과적으로 상상력을 사용하는 습관을 길러야 한다. 공부가 끝나면 다른 생각을 하기 전에 마치 컴퓨터에 입력하듯이, 공부한 내용을 정리하여 상상해 보도록 한다.

같은 공부를 하면서도 어떤 학생은 장시간을 애쓰고도 별로 성적을 올리지 못하는가 하면, 또 다른 학생은 매일 놀고 있는 듯해도 시험만 보면 고득점인 경우가 있다. 주위에 성적이 높은 학생들을 조사해 보면 본인도 모르는 가운데 상상력의 비밀을 알고 그것을 활용하고 있었다.

공부는 단 한 시간을 해도 효율적으로 해야 한다. 암기가 잘 안된다고 너더댓 번씩 외워도 결국 얼마 못 가서 잊어버리게 되고, 또 다시 외워야 하는 반복적인 악습이 계속 되는 것이다. 그러나 단 한 번의 암기로 머릿속에 오래 기억할 수 있다면 공부는 재미있는 것이 되며 공부로부터 멀어질 이유가 없다.

우리의 내면에 잠자고 있는 위대한 힘의 잠재능력을 깨우기만 하면 우리의 두뇌능력은 모든 면에서 극대화된다. 정말로 공부를 아주 잘하고 싶다면 과거의 잘못된 습관으로부터 과감히 벗어나야 한다. 그것은 고통이며 시간낭비일 뿐이기 때문이다. 두뇌능력을 끌어내지 않고 공부하는 것은 엔진을 두고 손으로 노를 저어가는 배와 같다.

잠재능력을 개발하려면 먼저 두뇌의 기능을 알아야 한다. 기능을 알아야 그것을 사용할 수 있을 것이기 때문이다. 그것을 사용하기만 하면 이제부터는 밤새워 공부를 하지 않아도 남보다 훨씬 많은 양의 공부를 할 수 있다. 공부가 즐거워져 수능시험에 수석을 차지한 어느 학생의 인터뷰처럼 공부가 정말 취미가 될 수도 있는 것이다.

5. 기(氣)로 공부한다

기로 공부한다는 것은 공부에 기를 활용한다는 것을 말한다. 세상의 모든 것은 기로 이루어져 있다. 공부를 하는 힘 역시 기(氣)다. 공부에 기를 사용한다는 것은 밝고 즐겁게 공부한다는 것을 의미한다. 아울러 공부에 억지로 끌려가는 것이 아니라 공부를 요리하는 마음자세가 되는 것을 말한다.

기(氣)는 오랜 세월 도(道)를 닦는 사람들의 전유물이었다. 그러나 지금은 우리 사회의 여러 분야에서 널리 응용되고 있다. 사람의 정신과 몸에 미치는 그 실용성이 인정되었기 때문이다. 특히 최근에는 정신과학 분야의 연구가 계속되고 있어 머지 않은 장래에는 크게 일반화될 것이다.

지능기공

기로 공부하는 방법을 지능기공(智能氣功)이라 한다. 그것이 지능을 개발하는데 매우 유효하기 때문이다. 기는 사람의 정신적·신체적 기능 작용을 일으키는 에너지 중심이다. 이는 마음과 몸의 조화를 이루는 주체가 되므로 잘만 활용한다면 학습의 고효율화에 크게 기여할 것임에 틀림없다. 그것에 창안하여 연구된 것이 지능기공이다. 상당수의 학생들이 이것을 활용하여 학습에 큰 진전을 보고 있으며 아울러 미래에 대한 긍정적 설계에 크게 활용되고 있다.

tip **지능기공을 하면**

1. 집중력이 크게 향상된다.
2. 공부가 재미있어진다.
3. 열등감이 사라진다.
4. 피로 회복이 쉬워진다.
5. 잔병치레가 없어진다.
6. 시험이 두렵지 않게 된다.
7. 목표가 확실해진다.
8. 사물에 대한 이해가 깊어진다.
9. 스스로를 다스릴 줄 아는 사람이 된다.

기공이란?

우리를 기(氣)와 연결시켜 주는 방법들을 기공(氣功)이라 한다. 일반적으로 기와 연결된다는 것은 병 없이 건강하게 살게 된다는 것을 말했지만, 우리들의 마음을 다스려 효과적으로 공부를 하는 데에도 빼놓을 수 없다.

무슨 일에서나 없어서는 안 될 필수적인 것들이 있듯 성공적인 인생을 위해서도 절대로 소홀히 해서는 안 될 것이 있다. 그것이 바로 기의 공부, 즉 기공이다. 왜냐하면 세상사의 모든 조화는 바로 기에 의해 이루어지기 때문이다. 사람의 신체적·정신적 기능 모두가 기로 연유하여 힘을 얻고 작동된다. 기는 나와 심신의 기능을 연결해 주는 중심축이므로 무엇보다 먼저 그것을 파악해야 한다.

기는 기공뿐만 아니라 철학, 의학은 물론 각종 예술 등 모든 분야에서 사상적·이론적 뿌리가 되고 줄기가 되는 중요한 요소이다. 기는 우주에 있는 모든 작용력의 근원이며 고(高) 에너지의 생명물질이다. 기는 물질계와 비물질계를 넘나들며 걸림 없이 작용하는데 적절한 조건만 주어지면 물질계, 중간계, 비 물질계 어느 차원으로도 변환·이동할 수 있으며 각각에서 중추적 역할을 한다.

생체에서도 이것은 생명활동의 원동력이 된다. 기의 상태는 생명상태이며 기의 변화는 생명활동의 변화와 직결된다. 기는 천지의 모든 사물을 형성하는 근본인 동시에 모든 현상, 모든 변화를 일으키는 힘의 근원이기 때문이다.

우리는 현대적 장비(적외선 탐측기, 정전기 탐측기, 자기 탐측기, 압전(壓電)세라믹소자(素子), 킬리안 사진촬영장치)로 기의 실체를 확인한 바 있으며 현대 과학은 점차적으로 우리 생활 전반에 기를 활용할 수 있도록 획기적인 계획들을 구상하고 있다.

아무리 훌륭한 기계라도 동력이 없으면 제 기능을 할 수 없듯이 우리는 기가 없이는 아무 일도 할 수가 없다. 세상사 모든 일이 기로부터 나오기 때문이다. 시야를 약간만 본질의 세계로 옮겨보면 자연스럽게 세상의 중심이 기와 함께 있다는 것을 알 수 있고 기공의 중요성도 바로 이해하게 된다.

우리는 무한한 가능성을 지니고 있다. 기를 활용할 수 있는 능력을 가지고 있어서 스스로를 통제·조절할 수 있기 때문이다. 생물체는 각기 자신의 특성과 정보·에너지를 간직하고 있는데, 인간은 기를 이용하여 그것들을 가져올 수 있고 원하는 곳으로 보낼 수도 있다.

기의 세계와 가까워진다는 것은 새로운 세계에 도전하는 것이므로 쉽지만은 않다. 하지만 그러나 우리는 힘써 기에 가까이 다가갈 충분한 이유가 있다. 기는 우리가 원하는 모든 것을 가져다 줄 것이며 우리의 모든 문제를 해결해 줄 것이기 때문이다.

나는 분명히 말할 수 있다. 이제부터 당신은 스스로가 원하는 모든 것을 능히 할 수 있는 그런 사람이 된다. 이제부터는 기의 힘이 당신과 함께 할 것이기 때문이다.

기공의 준비

우선 간단한 기공을 한 번 해보자. 간단하지만 미치는 영향력은 크다. 우리 몸에는 관심을 기울여야 할 곳들이 여럿 있는데 목과 어깨 관절 부위가 특히 그러하다. 우리는 습관적으로 긴장하면서 산다. 긴장은 에너지 순환을 방해하는데 그때 가장 먼저 영향을 받는 곳이 목과 어깨이기 때문이다.

어깨의 긴장이 지속되면 몸 전체가 무거워지고 쉽게 피로해져 우리가 공부에 집중할 수 없도록 만든다. 목과 어깨는 기혈(氣穴) 순환의 첫 번째 관문이며 부드럽게 유지되어야 할 특별한 부분이다. 언제나 문제는 초기에 해결해야 한다. 방치하면 점점 더 어려워지기 때문이다.

어깨를 유연하게 ▶ 집중력은 유연한 어깨로부터 시작한다. 지금부터 소개하는 것은 목과 어깨에 맺힌 탁기(濁氣, 피로소)를 풀어주는 매우 효과적인 기공이다. 어깨가 유연해져야 장시간 공부에 집중할 수 있다. 진행 중 다소 힘들더라도 끝까지 따라해 보자.

먼저 숨을 길게 내쉬면서 양손을 앞으로 쭉 뻗어본다(그림1-1). 마치 벽을 밀듯이 손을 앞으로 주욱 밀어 손목이 직각으로 꺾이게 한다. 그 자세로 잠시 머물렀다가 천천히 숨을 들이쉬며 양손을 거두어들인다(그림1-2). 이어서 밀었다 거두는 동작을 천천히 3회 반복한다.

다음은 양손을 양옆으로 벌려 양팔이 좌우로 길게 직선이 되도록 한다. 역시 손목을 직각이 되도록 하는 것(그림1-3)에 유의한다. 이 자세에서 숨을 들이쉬며 양손을 거두어들였다가 숨을 길게 내쉬며 양옆으로 뻗어주는 것을 3회 반복한다(그림1-4). 혹시 당신의 어깨에 굳어 있었다면 그것이 풀려나가는 것을 느끼게 된다.

다음은 양팔을 좌우로 쭉 뻗은 상태(손목을 꺾어준 것에 유의하고)에서 양어깨를 천천히 호흡에 맞춰 뒤로 회전시킨다(그림1-5).

성적, 이제 내 마음대로 한다

호흡은 팔을 뒤로 보낼 때 내쉬고 돌아올 때 들이쉰다. 이렇게 10회쯤 천천히 반복한다. 만약 어깨가 많이 굳어 있다면 다섯 번만 해도 어깨가 몹시 힘들다. 그러나 중도에 포기해서는 안 된다. 확실한 효과를 위하여 내뻗은 양팔의 상태를 잘 유지해 주고 손목에 유의하면서 어깨 돌리기를 지속하여야 한다. 뼈근하고 땀이 날 수도 있다. 그것은 막혔던 기가 열리면서 일어나는 현상이다. 10회 돌리기를 마친 후 몸의 힘을 빼고 잠시 동안 가만히 있어 본다.

이어서 어깨와 몸통을 정리하는 공법을 진행한다. 양발을 넓게 벌리고(어깨 넓이의 2배) 숨을 길게 내쉬면서 먼저 오른 손바닥

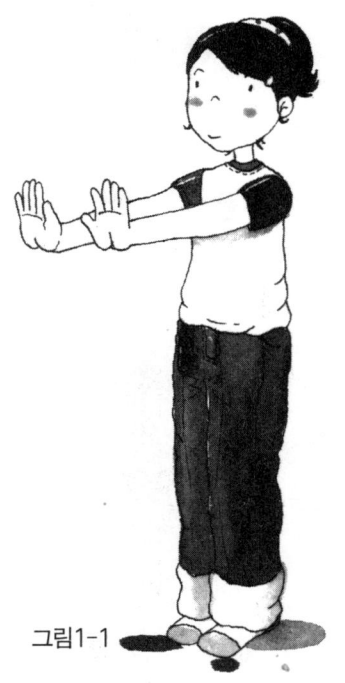

그림1-1

그림1-2

을 하늘을 향해 양손을 그림처럼 뒤집으며 온몸을 비틀어 준다. 이때 체중은 오른 다리에 걸리게 하고 5초 정도 자세를 유지한다. 다음은 천천히 중심을 이동하면서 좌우를 바꾼다(그림1-6). 숨을 길게 내쉬면서 이번엔 왼 손바닥이 하늘을 향하도록 양손을 그림처럼 뒤집으며 온몸을 비틀어 준다. 이때 체중은 왼 다리에 걸리게 하고 5초 정도 자세를 유지한다. 이렇게 좌우를 3회 교대한다(그림1-7).

기분이 어떤가? 만약 지시한 대로 잘 따라했다면 마치 안마를 받은 것처럼 목과 어깨가 개운하고 기분까지 상쾌해지기 시작할

그림1-3   그림1-4

성적, 이제 내 마음대로 한다

그림1-5

그림1-6

그림1-7

것이다. 탁기가 제거되고 생기(生氣)가 생겨났기 때문이다.

민족사관고는 매일 아침 태극기공과 명상으로 하루를 시작한다. 긴장된 몸으로는 공부에 능률을 올릴 수 없기 때문이다. 신입생조차도 의외로 목과 어깨가 뻣뻣한 학생이 많은데 아마도 계속되는 시험 때문에 긴장을 늦추지 않기 때문일 것이다. 수련을 하면 몸이 풀리면서 마음도 유연하게 된다. 자연히 공부가 능률적이 된다.

자신의 어깨를 점검해 보자. 어깨가 무겁고 뻐근하다면 머리가 늘 개운치 못하다면 이 공법을 매일 한 차례씩 하기 바란다. 목과 어깨가 시원해짐은 물론 심폐기능이 강화되고 소화에도 큰 도움이 된다.

기공의 실제 ——————

단기간에 성적을 올리기 위해서는 넉넉한 기가 필요하다. 기는 집중력을 위한 근본 에너지가 되기 때문이다. 지금부터 진행하는 기공수련은 기를 얻기 위한 가장 기본적인 것이다. 아울러 충실하게 축기(蓄氣)할 수 있는 것만을 엄선하였다. 여기서 소개하는 기공만 습득해도 공부에 필요한 에너지는 충분히 얻을 수 있다.

제대로 기를 얻기 위해서 기감(氣感)을 득(得)하여야 한다. 제 1 단계에 기 느끼기 과정이 있다. 기는 감각할 수 있고 볼 수 있는 것이다. 사람마다 느낌이 일정치는 않지만 이 수련을 통해 모두가 기를 느끼게 될 것이다. 느낌이 다소 부족한 사람은 필자의 인터넷 홈페이지에 들어가 내공(內功)을 전달받는 태극장(太極場) 수련을 하라. 몇 번 안 해서 기를 아는 사람이 될 것이다.

2단계와 3단계는 호흡 수련이다. 자신의 호흡을 안다는 것은 기를 안다는 것이며 에너지를 끌어들일 수 있다는 것이다. 우리는 호흡수련을 통해 두 가지를 얻는다. 하나는 충실한 에너지이며 하나는 안정된 집중력이다. 집중력을 얻으려면 호흡을 알아야 한다. 호흡 느끼기 수련은 강력한 집중력 단련법이다. 이 수련을 하면 즉각 자신의 집중력 점수를 알 수가 있다. 그리고 점점 집중력이 강해짐을 스스로 알 수가 있다.

다음 4단계는 몸 만들기 수련이다. 고득점을 위해서는 기가 충만한 부드러운 몸이 필요하다. 4단계의 다섯 가지 동작〔동오식, 動五式〕과 세 가지 자세〔정삼세, 靜三勢〕는 기공의 진수 중의 진수이다. 다소 어렵고 힘들더라도 꾸준히 따라하면 얼마 안가서 놀랄 정도로 달라진 자신을 발견하게 될 것이다.

1단계 ▶ 기 느끼기

우선 기(氣) 테스트를 한 번 해보자. 지능기공이 효과적이 되려면 기를 잘 느낄 수 있어야 하기 때문이다. 여기서 지시하는 대로 잘 따라하여 실제로 기가 느껴진다면 틀림없이 지능기공의 효과를 크게 볼 사람이다. 모쪼록 긍정적으로 생각하고 진지하게 따라해 주기 바란다.

자, 이제부터 시작하자. 먼저 양손을 충분히 열이 나도록 비벼준다. 손이 화끈할 정도가 되면 양손을 합장하고 손바닥에 일어나는 느낌에 관심을 모은다. 약간의 시간이 지난 후 양손의 간격을 1cm쯤 되게 하고 의식을 모아 양손 사이에 무슨 감각이 있는지 느껴본다(그림2-1).

그 후 양손을 천천히 회전시킨다(그림2-2) 그러면서 손에 일어나는 느낌에 유의한다. 집중되어 있다면 틀림없이 기의 느낌이 일어난다. 찌릿찌릿 하는 전기의 감각, 밀고 당기는 자석과 같은 느낌, 울렁울렁하는 에너지의 파동 같은 것이다. 분명히 느껴질 것이다. 이것이 기감(氣感)이다.

　이것으로 기의 세계에 한 발을 내디뎠다. 이제는 조심스럽게 양손의 간격이 30cm가 되도록 벌려 본다(그림2-3). 그리고 정신을 모아 다시 양손을 모으며 양손 사이에서 일어나는 감각에 다시 한 번 주의를 모아본다(그림2-4). 어떤 느낌이 생기는가? 이어서 좀 전처럼 양손을 천천히 회전시켜 본다. 양손이 멀리 떨어져 있는대도 동일한 기감이 일어나는가?

그림2-1

그림2-2

이제 당신은 기공의 세계에 들어왔다. 기감이 분명히 느껴진다면 A학점을 얻은 것이다. 수련하면 할수록 기감은 점점 확실하고 강해질 것이며 집중력은 만족할 정도로 높아진다.

2단계 ▶ 호흡 느끼기

그림2-3

그림2-4

集중력 향상의 성패는 호흡에 달려 있다. 얼마나 잡생각 없이 의식을 호흡에 모을 수 있느냐가 집중력으로 직결되기 때문이다. 호흡에 의식을 모으면 있으면 뇌가 자체 정화를 시작한다. 스트레스를 모두 제거하고 산뜻하고 충실한 뇌의 조건을 만드는 것이다. 그러니 공부할 때나 시험볼 때 뇌가 최적의 조건이 될 것은 너무나 당연하다.

1) 1분간 집중하기

편한 자세로 앉아(의자에 앉아도 된다) 몸의 힘을 뺀 후 의식을 코에 모아 들어오는 숨과 나가는 숨을 1분간 유심히 관찰한다. 그리고 코에 어떤 느낌이 일어나는지 민감하게 느껴본다. 이때 숨에만 마음을 두어야 한다. 중간에 다른 생각이 들어오지 않도록 주의하고 느낌에만 집중한다. 이 수련이 성공하면 3분간 집중하기로 넘어간다.

2) 3분간 집중하기

1분간 집중하기와 동일한 요령으로 진행한다. 혹 중간에 다른 생각이 들어온 것을 알면 얼른 의식을 코로 보낸다. 집중력이 약하면 다른 생각이 들어 왔다는 아는 것도 쉽지는 않다. 의식이 엉뚱한 곳으로 흘러 버리는 것이다. 3분간 숨을 지켜보는 것이 성공적이면 5분간 집중하기로 넘어간다.

3) 5분간 집중하기

5분간 집중하기와 동일한 요령으로 진행한다. 집중에 있어서 5분이라는 시간은 결코 짧은 시간이 아니다. 5분을 성공하였다면 A학점이다. 집중력의 대가(大家)가 될 것임에 틀림없다.

3단계 ▶ 복식 호흡

호흡을 보면 그 사람의 건강상태를 알 수 있다. 건강이 좋지 않는 사람은 얕은 호흡을 하고 심신이 안정된 사람일수록 깊은 호흡을 한다. 복식 호흡은 깊은 호흡이며 단전 호흡으로 가는 예비단계이다.

먼저 마음을 아랫배로 보내고 숨이 일어나고 가라앉는 모양을 관찰한다. 다음은 배가 비워지도록 숨을 길게 내쉰 후 길게 들이쉬어 배가 부풀어지는 연습을 한다. 얼마 안 가서 자연스럽게 복식 호흡을 할 수 있게 된다. 꾸준히 연습하면 아랫배에 힘이 일어나고 단전(丹田)에 기감(氣感)이 생기는데 그러면 어렵지 않게 단전 호흡도 할 수 있게 된다.

사람마다 체질이 다르듯이 호흡도 다르다. 일부에서 말하는 것처럼 몇 초 동안 들이쉬고 몇 초를 멈추고 몇 초 동안 내쉬라는 식은 곤란하다. 또한 호흡을 멈추고 오래 참는 것은 매우 위험하다.

절대로 무리하게 숨을 길게 하려고 하거나 억지로 참아서는 안 된다. 수련은 자신의 역량에 맞도록 자연스럽게 해야 한다.

tip 알파파를 확보할 수 있는 호흡수련

호흡수련은 호흡 자체의 이로움보다 훨씬 더 많은 유익함을 준다. 특히 공부를 시작하기 전에 이 수련을 하면 정신집중을 시키는 데 매우 효과적이다. 산만해진 정신상태를 안정된 상태로 가다듬어 주기 때문이다.

또한 잡념들도 정리해 준다. 공부를 하기 전에 있었던 많은 경험과 생각들은 공부를 방해하고도 남을 힘을 가지고 있다. 호흡수련은 이 생각들의 잔상을 단절시키므로 잡념에서 벗어나 학습의 효과를 극대화시킬 수 있다.

아울러 호흡수련은 확고부동한 알파(α)파를 확보시켜 준다. 이는 잡념을 제거하여 안정과 평안함을 주기 때문이다. 또한 건강상으로도 매우 유리한데 우선 뇌세포 및 신경세포에 필요로 하는 산소의 양을 증가시켜 주며, 혈액순환을 원활하게 하여 대뇌의 활동을 돕고, 내장의 기능을 강화시켜 자세를 바르게 할 수 있게 한다. 호흡 수련은 쉽다. 어린이라도 쉽게 익힐 수 있을 정도이다.

4단계 ▶ 동오식과 정삼세

동오식(動五式)은 기(氣)를 일으키는 다섯 가지 움직임이며, 정삼세(靜三勢)는 기를 모으는 세 가지 자세이다. 제대로 심신(心身)을 다스리려면 기가 넉넉해야 하며 스스로 기를 일으킬 수 있어야 한다. 우리는 이것을 통해 전신(全身)의 기를 일으키고 모으게 된다. 앞에서의 호흡법도 기를 일으키고 모으는 것이지만 심신에 보다 적극적으로 강력한 영향을 준다는 것이 이 공법의 특징이다.

명의 화타는 움직임의 중요성을 강조하기를 "움직이는 문은 벌레 먹지 않고 흐르는 물은 썩지 않듯이 사람은 움직여야 한다. 움직이면 몸속의 나쁜 기운이 나가고 새 기운이 들어와 기혈(氣血)이 정상화되고 병을 예방할 수 있다"고 하였다. 움직이지 않으면 신체의 모든 기능은 쇠퇴한다. 움직임은 생명 유지에 필수적인 요소이기 때문이다.

동오식은 태극(太極)의 움직임으로 구성되어 있으므로 그 움직임이 특별하다. 우선 무리가 없는 자연의 움직임으로 되어 있어 일반적인 체조와는 차원이 다르다. 또한 움직임도 다르다. 태극의 움직임은 부드럽고 완만하며 물흐르듯 끊임이 없다. 끝으로 호흡과의 조화이다. 그래서 태극의 움직임을 내면세계를 연결하는 다리라고 하는 것이다. 움직임 내내 의식(意識)이 함께 하기 때문이다.

또한 내공(內功)을 기르는데 정삼세만 한 것도 없다. 이것은 전

성적, 이제 내 마음대로 한다

신의 기를 왕성하게 하고 하체의 힘을 길러 줌과 동시에 내부에 에너지를 모으고 유통시키는 작용을 하기 때문이다. 또한 우리 몸과 우주의 무한한 에너지와 연결시켜 에너지의 한계를 없애 준다.

★동오식(動五式)

동오식은 집중력과 연관하여 태극기공에서 엄선한 것이다. 의식을 모아 진행하노라면 자신도 모르게 집중력이 몰라보게 향상된다.

제1식 ▶ 숨고르기

숨고르기는 일명 승강(昇降)이라고도 한다. 오르고 내리는 모양을 하고 있기 때문이다. 전신의 상승(上乘) 하강(下降)으로 기를 발동(發動)시켜 온몸 구석구석까지 골고루 흐르게 하는 효과가 있다.

(자세)

양다리를 어깨 너비로 가지런히 벌리고 자연스럽게 서되 발바닥이 서로 평행이 되게 한다. 상체는 곧바로 세우고 턱은 약간 당기듯이 하며 입은 미소를 띄우고 시선은 수평으로 앞을 본다. 어깨의 힘을 쭉 빼고 가슴은 무리하게 펴지 말며 양손은 몸통 좌우로 자연스럽게 늘어뜨린다(그림3-1).

(동작)

1) 양팔을 천천히 앞으로 들어 손바닥을 아래로 향한 채 양손을 어깨 높이까지 수평이 되게 올리며 숨을 들이쉰다(그림3-2).

2) 상체를 곧바로 한 채 양 무릎을 굽힘과 함께 양손을 가볍게 아래로 누르듯 배꼽 높이까지 내리면서 숨을 내쉰다. 그 다음 무릎을 펴 몸을 일으키며 다시 위의 동작으로 돌아간다(그림3-3).

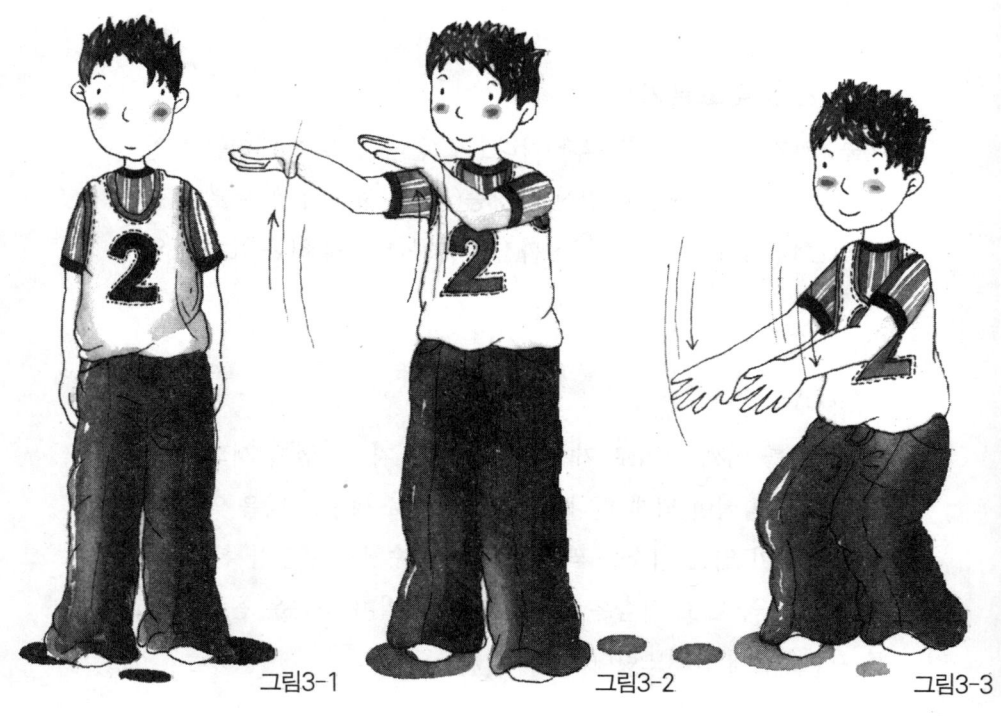

그림3-1   그림3-2   그림3-3

(호흡)

코로 들이쉬고 입으로 내쉬는데 팔과 몸통이 오를 때 들숨, 내릴 때 날숨, 한 번 들이쉬고 한 번 내쉬는 것을 한 동작으로 해서 10회 반복한다.

제2식 ▶ 가슴 열기

가슴 열기는 기(氣)의 문을 열고 닫는 것으로 명 개합(開合)이라 한다.

(자세)

제1식의 끝 동작에서 즉, 무릎을 굽히고 양손이 아래로 내려온 데서 다음 동작을 연결시킨다.

(동작)

1) 무릎을 서서히 펴면서 몸을 일으켜 양팔을 가지런히 앞으로 들어올리는데 손끝이 가슴 높이에 이르면 아래로 향했던 손바닥을 서로 마주 보게 하면서 양팔을 좌우로 크게 벌리며 숨을 들이

쉰다(그림4-1).

　2) 벌렸던 양팔을 가슴 앞으로 평행이 되게 가져와서 손바닥이 다시 아래로 향하게 하며 무릎을 굽힘과 동시에 양팔을 아래로 내리며 숨을 내쉰다(그림4-2).

　(호흡)
　손이 위로 올라가 가슴을 펼 때 들숨, 손이 가슴 앞으로 모아지기 시작하면서 날숨. 한 호흡을 한 동작으로 해서 10회 반복한다.

그림4-1　　　　　　　　　　　　　　　　그림4-2

제3식 ▶ **파도타기**

파도타기는 일명 진퇴(進退)라고도 한다.

(동작)

1) 왼발을 앞으로 가볍게 내딛고 양손을 가지런히 가슴 앞으로 모은다. 이때 손바닥은 앞을 향한다(그림5-1). 숨을 내쉬면서 몸무게를 왼발로 옮기며 몸을 앞으로 내밀면서 양손을 밀어내듯이 앞으로 뻗는다. 오른쪽 발바닥은 지면에 밀착시키고 왼쪽 무릎은 구부린다(그림5-2).

그림5-1   그림5-2   그림5-3

2) 숨을 들이쉬며 양손바닥을 천천히 가슴 앞으로 끌어들임과 동시에 몸무게를 오른발로 옮기며 상체를 뒤로 물린다. 이때 왼발은 뻗어지면서 발끝이 위로 들리게 되고 오른 다리는 굽혀진다(그림5-3).

3) 1)과 2)를 5회 반복한 후 발을 바꾸어 5회 실시한다.

(호흡)
손을 가슴으로 끌어당길 때 들숨, 손을 밀어낼 때 날숨이다.

제4식 ▶ 태극 그리기

일명 운수(雲手)라고도 한다. 동작이 구름을 헤치는 것처럼 보이기 때문이다.

(자세)
다시 양다리를 어깨 너비로 가지런히 벌리고 자연스럽게 서서 두 손을 아래위로 누구를 껴안듯이 하고 손바닥은 모두 자신을 향한다. 이때 숨을 들이쉬며 무릎은 마보세(馬步勢)로 굽힌다(그림6-1).

(동작)
1) 숨을 내쉬며 상체를 왼쪽으로 돌리고 두 팔은 자연스럽게 몸통을 따라 왼쪽으로 돈다(그림6-2). 두 손을 좌우로 원을 그리듯이 돌려 왼손은 배꼽 높이로 오른손은 눈 높이로 하며 숨을 들이쉰다

(그림6-3).

  2) 상체를 오른쪽으로 회전하며 숨을 내쉰다(그림6-4).

  3) 1)과 같이 두 손을 좌우로 원을 그리듯이 돌려 오른손은 배꼽
높이로 왼손은 눈 높이로 하며 숨을 들이쉰다(그림6-5).

  4) 같은 동작을 10회 반복한다.

(호흡)

상체를 돌릴 때 날숨, 두 손을 회전할 때 들숨이다.

그림6-1   그림6-2

그림6-3

그림6-4

그림6-5

제5식 ▶ 팔 뒤로 돌려 앞으로 뻗기

일명 정보도권굉(定步倒卷肱)이라 한다. 바로 서서 팔을 돌려 뻗는다는 의미이다. 손끝에 시선을 집중하는 기법으로 집중력을 향상의 중심공이다.

(자세)

제1식처럼 양다리를 어깨 너비로 가지런히 벌리고 무릎은 굽혀 마보세(馬步勢)가 되게 한다.

(동작)

그림7-1   그림7-2

1) 숨을 들이쉬며 상체를 약간 왼쪽으로 돌리며 왼손을 가볍게 내렸다가 들어올려 귀 옆까지 가져온다(그림7-1). 숨을 내쉬면서 왼손과 어깨 높이로 앞으로 뻗어내고 오른손은 동시에 몸 쪽으로 거둬들인다(그림7-2). 이때 시선은 계속 왼손 끝에 있다.

2) 숨을 들이쉬며 상체를 약간 오른쪽으로 돌리며 오른손을 가볍게 내렸다가 들어올려 오른쪽 귀 옆까지 가져온다(그림7-3). 숨을 내쉬면서 1)의 동작과 같이 오른손은 앞으로 밀어내고 왼손은 몸 쪽으로 당긴다(그림7-4). 이때 시선은 오른손 끝에 있다.

3) 좌우 5회씩 10회를 한다.

그림7-3   그림7-4

> **주의** 손을 앞으로 뻗을 때는 무거운 물건을 힘겹게 밀어내듯
> 이 하고 손을 거두어 들일 때에는 억지로 끌어들이는 듯한 기분
> 으로 하며 동작을 진행하는 동안 무릎은 항상 구부려져 있어야
> 한다. 시선은 앞으로 뻗는 손끝을 좇다가 팔이 거의 다 뻗을 무렵
> 얼굴을 돌려 귀 옆으로 들어올리는 다른 손으로 이동한다. 어느
> 동작에서나 팔을 내렸다가 귀 옆으로 들어올릴 때, 앞으로 뻗어
> 있는 팔의 손바닥을 동시에 뒤집어서 손바닥이 하늘을 보게 한
> 다.

(호흡)

팔을 귀 옆으로 가져올 때 들숨, 앞으로 뻗을 때 날숨이다.

★정삼세(靜三勢)

정삼세는 고요한 세 가지 자세를 말하며 일명 참장공(站椿功)
이라고도 한다. 내공을 기르는 데 이것처럼 좋은 것도 없다. 내공
이 길러지면 면역력과 함께 지구력이 크게 향상된다. 시험을 앞두
고는 무엇보다 지구력이 필요하다. 힘이 부족해서 막판에 시험을
망치는 경우도 너무 많기 때문이다.

제1세 ▶ **포아세(抱兒勢)**

1) 일단 마보세를 30초 취한 후(그림8-1) 그림처럼 왼 다리를 허보(虛步)로 하고 체중을 오른 다리에 걸은 후 양손으로 아기 안은 모양을 만들어 자세를 1분 유지한다(그림8-2).

2) 다시 마보세를 30초 취한 후 1)의 요령으로 좌우를 바꾸어 실시한다.

3) 마보세를 30초 동안 함으로써 마무리한다.

*호흡은 자연 호흡으로 하고 마음은 아랫배에 둔다.

그림8-1   그림8-2

제2세 ▶ **비룡세(飛龍勢)**

1) 포아세(抱兒勢)에 이어 마보세를 30초 취한 후 그림처럼 궁보(弓步) 자세로 한 손은 상상의 용(龍) 목을 거머쥐고 다른 손으로 용의 몸통을 거머쥔 채 1분간 자세를 유지한다(그림9).

2) 다시 마보세를 30초 취한 후 1)의 요령으로 좌우(左右)를 바꾸어 실시한다.

3) 마보세 30초로 마무리를 한다.

그림9

제3세 ▶ **복호세(伏虎勢)**

1) 비룡세에 이어 마보세를 30초 취한 후 그림처럼 후굴세(後屈勢) 자세 (그림10)로 한 손은 상상의 호랑이 등에 다른 손은 호랑이 엉덩이에 올려놓고 1분간 자세를 유지한다.

2) 다시 마보세를 30초 취한 후 1)의 요령으로 좌우를 바꾸어 실시한다.

3) 마보세를 30초 동안 함으로써 마무리한다.

그림10

태극기공 속에는 태극의 에너지(氣), 즉 태극장(太極場)이 살아 있다. 태극장 속에는 건강과 성공, 지혜를 일으키는 힘이 가득하다. 태극장은 모든 것을 새롭게 변화시키므로 이것을 접하면 누구나 변화한다. 우선 막혀 있던 기가 열리며 전신에 생기가 보충되면서 정신력이 놀랄 정도로 향상된다. 무한한 지혜와 만나게 되기 때문이다.

문제들이 해결되고 계획하는 일들이 술술 풀려나간다. 당신이 누구든, 남자든, 여자든, 노인이든, 아무 상관이 없다. 태극기공을 만나면 즉시로 태극장의 영향 안에 있게 되기 때문이다. 편견을 놓고 바른 인식으로 태극기공을 만나면 자동적으로 태극장을 얻게 된다. 당신은 태극장 안에 있게 되고 태극장은 당신을 위해 일한다. 이미 당신은 태극장 안에 들어 왔다. 당신은 이미 태극 에너지의 생기를 숨쉬게 된 것이다.

기 받기

스스로 기가 넉넉하다고 생각하는 사람은 드물어서 누구든 필자를 만나면 이러저러한 문제가 있으니 기를 좀 넣어달라고 주문하기 일쑤다. 그럴 때는 그 사람의 혈(穴)을 열어 기의 유통을 원활하게 해주므로 문제를 해결해 주곤 한다.

기는 우주에 가득한 것이어서 아무리 써도 줄지 않는 것이지만,

우리 스스로 한계를 두어 생활하므로 늘상 기 부족을 느끼고 살고 있다. 기가 부족하게 되면 쉽게 피로하고 면역력이 약해져 병에 걸리기 쉽다. 더구나 우리의 두뇌는 가장 많은 기를 가져야 제 기능을 할 수가 있다. 고로 기가 부족하면 집중력도 떨어지고 끈기도 없어지게 마련이다.

기공을 하면 우선 기맥(氣脈)이 열리므로 막혀 있던 혈(穴)이 통하고 오장육부가 제 기능을 찾게 된다. 그러나 그것이 그리 쉬운 일은 아니어서 기가 많이 부족한 사람은 이미 공(功)을 이룬 사람으로부터 기를 전달받으므로서 기력을 회복할 수 있다.

이런 사람들을 위해서 필자는 부록 CD(Part 3 : 최고의 컨디션 유지하기)에 기 받기 프로그램을 넣어 놓았다. 몸이 약하고 늘 피로하여 감기에 잘 걸리고 소화에 어려움이 있는 사람은 의심 없는 진지한 마음으로 그것에 귀를 기울이고 따라하여 충실한 기를 자신의 것으로 하기 바란다.

6. 이것만 알면 학습 계획표가 완벽하다

올바른 계획은 그 자체만으로도 우리 공부에 큰 도움이 된다. 공부를 시작하기 전에 미리 계획을 세우지 않고 공부하다 보면, 하는 도중에 '오늘은 영어도 해야 하고, 수학도 해야 하고, 과학도 해야 하는데' 하며 지금 하는 공부에 기운을 몰아 쓰기가 어려우며, 또 한 과목을 끝마칠 때마다 매번 '이번에는 또 무슨 과목을 할까? 오늘은 이제 그만 할까?' 하게 된다.

그뿐만 아니라 내가 좋아하는 과목만 매일하고, 싫어하는 과목은 전혀 안 하게 된다. 이런 일이 하루 이틀이 아니고 몇 달, 몇 년 지속되다 보면 결국 변변한 성과를 못 보게 된다.

이제부터라도 매일 공부를 시작하기 전에 미리 그날 공부를 계획하는 습관을 길러야 한다. 학습 계획을 세워서 공부하느냐, 계획 없이 되는 대로 공부하느냐 하는 것은 그날그날의 학습 능률은 물론, 앞으로의 성적에도 큰 영향을 미치기 때문이다.

성적, 이제 내 마음대로 한다

학습 계획표가 필요한 이유

공부 계획을 세우라고 하면 대부분, 시간을 먼저 정하고 그에 맞추어 과목을 결정한다. 시간을 먼저 정하기 때문에, 대개는 몇 시 정각이나 30분에 공부를 시작하여 또 몇 시 정각이나 30분에 끝내는 것으로 하기 마련이다.

그러나 그런 계획은 바람직하지 않다. 마지못해 하는 허울일 뿐이므로 실제로는 공부에 도움이 되지 않기 때문이다. 제대로 공부의 즐거움을 깨우치지 못한 사람에게는 아직도 공부는 지겨운 것이다. 그러므로 몇 시부터 몇 시까지라고 시간을 정하는 것은 가능하면 대강 공부하면서 시간만 때우려는 마음이 나도 모르게 생기게 된다. 그러므로 공부하는 도중에 자꾸만 시계를 보게 되는 것이다. 그런 계획으로는 정신 집중을 할 수 없다.

계획은 '몇 시부터 몇 시까지 한다'는 것이 아니라, 그날 해야 할 과목과 분량을 정해야 한다. 그리고 '나는 오늘 이것만 마치면 내가 원하는 것을 한다'는 식의 보너스도 공부에 활력을 줄 수 있는 또 하나의 방법이다.

계획한 만큼을 충실히 공부했을 경우 자신을 위해 맛있는 것을 먹여준다든지 갖고 싶던 음악 테이프를 사준다든지 친구를 만나게 해준다든지 공부를 하기 전에 미리 보상을 걸어 놓고 공부하는 것도 공부를 돕는 좋은 방법이다. 스스로 자기 자신에게 보상을 주는 재미도 남다를 것이니 말이다. 또한 책을 한 권 끝냈을 때는 영화를 한 편 선물할 수도 있을 것이다.

공부를 잘하려면 계획을 잘 세우고 그것을 표로 만들어 늘 살펴보면서 규칙적으로 학습할 수 있도록 해야 한다. 학습 계획표 없이 학습을 하게 되면 실속 있는 공부를 할 수가 없기 때문이다. 또한 몇 개월 전에 만든 것은 쓸모가 없다. 현재의 상황과는 전혀 다르기 때문이다. 제대로 공부를 시작하려면, 현재에 맞는 계획표부터 만들어야 한다.

학습 계획표 짜기

학습 계획표를 세우려면 큰 계획이 서야 한다. 우선 무슨 과목을 어떤 교재로 공부할 것인지 정한다. 예를 들어 300쪽 분량의 수학 참고서를 보기로 결정했다면 '하루에 10쪽씩 공부한다' 는 계획을 세워 며칠이 걸릴 것인가를 예상한다. 욕심만 앞서서 무리한 학습 계획표를 짜면 실천하기 어렵다. 만약 계획표대로 실천이 이루어지지 않았다면 그 이유를 분석해 수정 계획표를 만든다.

공부시간은 넉넉하게 ▶ 공부 시간을 너무 짧게 정하면 안 된다. 한 과목에 최소한 2시간 정도는 공부를 하는 것으로 계획을 세워 중간에 5분 정도 쉬는 시간을 둔다. 그러나 쉬는 시간이라 하여 이메일을 열어 본다든지 다른 책을 보아서는 안 된다. 정신이 공부에 집중되는 것을 방해하기 때문이다. 너무 짧게 여러 과목을 잡을 경우 시간이 금방 지나가기 때문에 제대로 공부할 수 없다. 또한, 너무 길게 시간을 잡을 경우에 투자한 시간만큼 능률이 오르지 않는다. 따라서 한 과목으로 한 번 공부할 때 2시간 정도로 잡는 것이 가장 효과적이다.

비현실적 시간 배정은 싹 정리! ▶ 공부는 몸으로 하는 것이다. 비현실적으로 시간을 정해서는 뒤죽박죽되고 만다. 예를 들어 수학 한 문제 푸는 데 5분이 걸리면, 10개 푸는 데 50분 걸리고, 12개 푸는 데 1시간 걸린다. 하루에 36개 문제를 푼다면 3시간 1걸리고, 총 360개 문제니까 30시간이면 풀 수 있다. 하루에 3시간 공부하니까 10일이면 책 한 권 끝내겠구나 하는 것은 착각이다. 100미터를 10초에 뛸 수 있다고 1000미터를 100초에 뛸 수는 없는 것이 현실이다.

너무 많은 것을 한꺼번에 하려고 하면 오히려 실패할 수 있다. 그렇기 때문에 공부 계획이 필요한 것이다. 스스로 할 수 있을 만큼 조금씩 나누어서 하고, 작은 단위로 나누어서 규칙적으로 공부해야 한다. 과식이 소화불량을 가져오듯이 한 번에 너무 많은 것을 머릿속에 집어 넣으려 하면 오히려 역효과가 있다.

그러다가 한 번 미루면 자꾸 미루게 되어 습관이 된다. 그렇게 되면 계획을 세운 것이 흐지부지되고 만다. 계획은 자신과의 약속이다. 부득이하여 약간의 차질이 있더라도 필히 계획대로 추진해야 한다. 또한 숙제는 숙제를 낸 그날 해치우도록 해야 한다. 미루게 되면 마음도 개운치 않을 뿐만 아니라 경우엔 따라선 주제를 혼동할 수도 있다.

책상과 공부의 관계

공부는 늘 책상 위에서 해야 한다. 우리는 습관에 의해서 움직이는 경향이 있다. 책상에서 공부하는 것이 가장 능률적이므로 공부하는 습관을 좋게 길들이기 위해서는 항상 책상 위에서 해야 할 것이다. 소파에 눕거나 방바닥에 누워서 공부하는 것은 집중력을 약화시킬 뿐만 아니라 잠으로 들어가기가 너무 쉽다.

책상 정리는 필수 ▶ 그 사람의 책상을 보면 공부를 하는 사람인가, 공부를 하지 않는 사람인가를 즉시 알 수 있다. 또한 며칠간 공부를 하지 않은 책상은 왠지 지저분하고 분위기가 흩어져 있다. 공부를 결심함과 동시에 책상 위에 있는 공부와 관계없는 것들은 모두 치우고 당장 필요하지 않은 참고서와 문제집들은 다른 곳으로 치우도록 한다. 책꽂이에는 지금 공부에서 당장 필요한 책들만 있도록 해야 한다. 공부를 제대로 하기 위해서는 학구열이 불타오를 수 있는 분위기가 나는 책상 정리가 필요하다.

방학중의 공부

방학을 어떻게 효율적으로 보내느냐는 매우 중요한 일이다. 그동안 쌓였던 공부에 대한 스트레스를 풀어 주는 기회로 사용해도 좋고, 좋은 경험을 만들어 보는 기간으로 사용해도 좋다. 그러나 성적을 올려 석차를 바꿔보려는 학생에게는 방학 중 학습 계획을

성적, 이제 내 마음대로 한다

효과적으로 세우는 일이 우선되어야 한다.

 그러나 구체적인 방법과 대안 없이 남들 하는 대로 쫓아간다면, 시간을 제대로 썼다고 볼 수가 없다. 남도 공부하고 나도 같은 식으로 공부한다면 성적 순위를 바꾸기가 어렵지 않겠는가? 공부에 뜻을 두고 방학을 이용하려면, 현재의 자신의 형편을 살펴보고, 면밀히 분석하여 쓸데없는 데에 시간을 뺏기지 낳도록 해야 한다. 우선적으로 무엇을 공부할 것인지를 확실히 정해야 한다.

 무슨 공부를 하든지 간에 먼저 염두에 둘 것은 과연 내가 방학 계획을 제대로 실행할 수 있는지의 분석이 이루어져야 한다. 그 다음 그것을 어떤 방식으로 해나갈 것인가도 생각해야 한다. 물론 실력이 부족한 과목에 대하여 역점을 두고 공부해야 하는 것이 당연한 일일 것이다.

 방학을 이용하여 성적을 효과적으로 올리려면 방학중이라 하더라도 평상시와 변함이 없이 공부하는 것이다. 동일한 시간에 일어나고 동일한 시간에 잘 것이다. 그리고 집을 떠나지 않고 실내에서 할 수 있는 운동을 하여 체력을 보강한다. 이번 기회에 집중력 공부를 하고 기공명상으로 심신을 다듬어 준다면 개학 때 몰라보게 달라진 자신을 만날 것이다.

7. 힘들이지 않고 시험공부하는 법

시험을 잘 보기 위해서는 시험에 대한 두려움이 없어야 한다. 두려움은 우리의 능력 발휘에 큰 장애요인이 되기 때문이다. 두려움은 대개가 처음 시작하는 일이거나 그 일에 대한 정확한 파악이 없을 때 생겨난다. 두려움은 무지로부터 온다. 무슨 일에나 그것에 대한 정체가 파악되면 그 순간부터 두려움은 사라진다.

시험공부라고 하여 특별하게 생각하고 부담을 갖는 버릇부터 고쳐야 한다. 시험공부는 평소 공부의 연장일 뿐이며 단지 전에 공부했던 것을 다시 한 번 정리하는 것이라고 가볍게 생각하는 것이 좋다. '호랑이에게 물려가도 정신만 차리면 살 수 있다'는 말이 있다. 시험이 가깝다고 하여 초조해지면 여태까지 정리해 놓은 내용도 제대로 관리할 수 없게 된다. 급하게 서두르다 보면 꼭 정리해 두어야 할 것도 놓치고 넘어 갈 수가 있다.

먼저 시험이 무엇인지를 파악하라

사람들이 어떤 일을 시작하는 것을 보면 그 일에 대한 파악이 없이 무작정 그 일을 시작하는 경우가 많다. 즉 자신이 하려 하는 그 일이 무엇이며 그 일이 어떤 구조로 되어 있는지 또한 그것이 나에게 의미하는 바에 대해서 잘 살피지 않는다. 그리고는 막연한 불안감을 갖는다. 일을 잘 모르면 불안감이 생기듯이 시험도 마찬가지다. 시험을 성공하기 위해서는 먼저 시험이 무엇인지부터 파악하여야 한다. 그렇게 되면 더 이상 시험이 두렵지 않을 것이기 때문이다.

아직도 대부분의 학생들이 시험을 두려운 것, 불안스러운 것이라고 생각하고 있는 것 같다. 실제로 학생들을 대상으로 조사한 것에도 "시험이 두렵지 않다"라고 답한 학생은 거의 없다. 시험에서 좋은 점수를 받으려면 시험에 대한 그 두려움부터 제거해야 한다.

프로 권투 세계 챔피언이였던 필자의 친구 말을 빌어 본다.

"시합의 성패는 링에 올라가 상대 선수의 눈을 보는 순간 결정되는 거야. 왠지 상대가 한 방에 무너질 것 같은 날은 틀림없이 상대를 K.O.로 잡았으니까."

시험을 알면 그 시험은 성공이다. 시험이 만만하게 보이도록 노력하라.

학생에게 시험은 일상사일 뿐 ▶ '승패는 병가지상사'라는 말이 있다. 출정한 군인은 전투에 나가 이길 수도 질 수도 있다는 것을 말하는 것이다. 문제는 최종적 승리자가 누구냐는 것이지 승리를 위해 모든 전투를 이겨야 한다는 것은 아니다. 예를 들어 경험 많은 기사는 모든 돌을 살리려 하지 않는다. 작은 부분을 희생시키고 큰 부분을 장악하여 바둑을 승리로 이끈다. 유능한 군인도 마찬가지다. 아끼는 부하를 희생시킨다는 것이 비록 가슴 아픈 일이기는 하지만 전투를 승리로 이끌기 위하여 일부 병력은 적에게 제물로 바친다.

시험도 마찬가지다. 학생에게 있어서 시험은 일상사이다. 시험 하나하나가 중요하기는 하지만 시험이란 잘 볼 수도 또 어떤 때는 실수할 수도 있다는 것을 인정하라. 이번 시험이 마지막 시험은 아니지 않는가? 실패한 시험을 검토하면서 다음 시험을 위한 마음을 다져 주라. 그것이 시험에 성공하는 길이다.

시험은 나를 진보시키는 바람직한 기회 ▶ 정도의 차이는 있지만 누구에게나 시험은 번거로운 일이다. 기도문에도 '우리를 시험에 들게 하지 마옵시고' 라는 말이 있듯이 사람은 누구나 시험받고 싶지 않다. 그러나 시험에서 좋은 점수를 받기 위해서는 다른 사람들이 하듯 시험을 기피하지 말고 오히려 적극적인 자세로 맞이하는 편이 더 낫다. 내가 좋아하든 싫어하든 어차피 시험은 안 볼 수가 없는 것이다. 따라서 시험 날이 결정되면 움추러들지 말고 힘을 내고 시험이야말로 나를 진보시키는 것이며 이번 시험은 지난번 실패를 만회할 절호의 찬스라는 마음으로 전의를 불태울 필요가 있다.

시험제도는 학생들의 실력을 테스트하는 수단이기도 하지만 한편으론 공부의 연장이기도 하다. 반복되는 시험은 일차적으로 당사자의 실력을 향상시키는 데 매우 유리하며 또한 그것을 통해 시험에 익숙해져 수능시험 같은 본 시험을 볼 때 주눅들지 않고 능숙하게 실력을 발휘할 수 있게 하는 연습이다.

이상하게도 좋아서 하는 일은 늘 결과가 좋게 나타나고 되고, 일을 피하려고 하면 언제나 그 결과가 좋지 않게 되어 있다. 그것은 정신의 법칙이기도 한데 피하려 하는 일은 자기도 모르게 부정적이 되어 자기의 능력이나 두뇌가 제대로 발휘되지 못하며 좋아서 하는 일은 의욕적으로 하기 때문에 자기 능력 이상의 힘이 발휘되기 때문이다.

운동선수의 예를 보아도 좋은 기록의 선수는 매일같이 자신의 기록을 테스트하며 그것을 기록 갱신의 지표로 삼는다. 반복되는 기록 측정을 통하여 자신의 약점도 알게 되고 약점의 개선책도 알게 된다. 학생에게 시험이 없다면 자신의 취약 과목도 알 수 없을 것이며 약한 과목에 대한 대처방안도 마련할 수 없다.

시험은 나의 발전을 위하여 꼭 필요한 것이다. 시험을 기피하려 하지 말고 오히려 환영하는 자세가 되었을 때 성적은 고득점으로 보상한다. 승률이 높은 선수는 시합을 두려워하지 않는다. 경우에 따라 부담스러운 상대 선수를 만나도 이를 악물고 당당히 맞선다.

시험날이 가까이 올수록 더 여유 있게

시험날이 가까이 오면 자연히 마음은 초조해지고 안정을 잃기 쉽다. 이런 현상은 중요한 시험일수록 더욱 심해서 어떤 사람은 불안 때문에 식욕도 잃고 잠도 깊이 들지 못한다. 스스로 이래서는 안 된다고 마음을 가다듬기도 하지만, 한 번 초조해진 마음을 안정시키기란 그리 쉽지는 않다. 긴장이나 불안감이 정도를 넘으면 그 심리적인 부담이 시험공부에 큰 장애가 될 수 있다.

특히 시험을 앞둔 중요한 시기에 마음을 잡지 못한다면 오랫동안의 노력을 허사로 만들 수도 있기 때문이다. 대개는 충분한 준비가 되지 않아서 성적에 자신이 없거나 지난번 실패했던 기억이 떠올라 그렇게 되는 것인데, 오히려 맞아야 할 매라고 생각하고 느긋한 마음이 되는 것이 더 유리할 수도 있다. 경우에 따라서는 시험이 임박했을 때 오는 약간의 긴장감은 오히려 집중력과 기억력을 촉진시켜 공부가 능률적이 되도록 할 수도 있으며 평소와는 다르게 응용력까지 생겨나는 경우도 있기 때문이다.

공부를 잘하는 학생들을 보면 시험이 가까워져 주위의 분위기가 어수선해도 안정을 잃지 않는다. 그들은 시험이라고 갑자기 밤을 새우거나 야단을 떨지 않는다. 오히려 평소와 같이 차근차근 공부한 내용들을 정리할 뿐이다. 그들은 자신을 조절하는 데 숙달되어 있기 때문에 흔들리지 않고 차분히 자신의 계획한 대로 몰두할 수 있다. 그들은 가르침을 받지 않았으면서 이미 기공을 사용하는 사람들이다.

그래도 마음이 안정되지 않는다면 한 30분 기공명상을 해본다. 기공명상은 마음을 다스리는 법을 기본 공법으로 하고 있어 흔들리는 자신을 바로 세우는 데 매우 유리하다. 아울러 위기의 순간을 맞아서 내면에 잠재된 힘을 이끌어 내는 데 기공보다 효과적인 것은 없다.

늦지 않았다, 역전이 가능하니까

흔히 시험공부를 하다가 낙심이 되는 것은 이미 시간을 놓쳐서 지금부터 시작하여 아무리 노력해도 합격은 영 틀린 것이 아닌가 하는 생각이 들 때이다. 그러나 지나간 시간은 어떠한 능력으로도 되돌릴 수 없다. 절대로 불가능한 일은 포기하는 것이 좋다. 걱정은 아무리 해도 문제해결과는 상관이 없다. 시간을 뺏겨 그것이 억울하면 억울할수록 마음을 가다듬고 배수의 진의 마음으로 공부에 매진하는 것이 현명하다.

사람은 위기에 처하면 이해하기 어려운 초능력이 발휘될 수도 있다. 오히려 그 위기감이 잠재된 힘을 움직여 평소와는 다르게 짧은 시간에 많은 분량의 공부를 소화시킬 수 있게 되는 것이 가능할 수도 있기 때문이다.

'늦었다고 생각되는 때가 가장 빠른 때다' 라는 말도 있다. 지금 바로 열심히 시작하면 나중에 그때가 늦지 않은 때라는 것을 알 수 있게 될 것이다. 지능기공을 활용하여 "지금부터 해도 절대로 늦지 않다" "지금 시작해도 충분하다"는 내면 훈련을 반복하며 공부에 매진하면 마치 월드컵 예선전에서 일본에게 한 점을 먼저 뺏긴 한국 축구팀이 경기 종료를 얼마 남기지 않고 연이어 두 점을 넣어 경기를 뒤집듯 역전 드라마도 가능하다. 지능기공을 하면 운이 변한다. 그것이 인생이다.

> 필자의 제자 중에 J과장은 행정고시를 앞에 두고 있는 공무원이었다. 하루는 찾아와서 하는 말이 "시험은 석 달 앞으로 다가왔는데 직책 때문에 시험공부를 충실히 하지 못하여 실패하지 않을까 걱정됩니다"였다. 필자는 "시험은 실력으로만 되는 것이 아니라 운도 크게 작용하는 법, 낙심하지 말고 지금도 늦지 않았으니 지능기공의 방법으로 잘만 정리하면 불가능하지 않다"라고 말하면서 본격적인 내면 훈련에 들어갔다. 최대한의 극한 위기를 설정한 뒤 그 분위기를 계속해서 음미하고 느끼도록 가르쳐 주었다. 온몸의 감각을 그 상황에 몰입시키자 엄청난 집중력과 함께 에너지가 생겼다. 패턴을 익히던 그가 점차 집중력을 조절할 수 있게 되면서 석 달 후 필자는 기쁜 소식을 들었다. 그가 행정고시에 합격했다는 전갈이었다.

좋아하는 과목에 시간을 몰아라

사람마다 얼굴이 다르듯이 좋아하는 과목도 다르고 과목별 문제해결 능력도 다르다. 문과와 이과로 반을 나누는 것은 바로 그런 이유이다. 영어공부는 즐겨하고 점수 또한 높은데 늘 수학 때문에 평균점수가 나쁜 학생이 있는가 하면 "세상에 수학처럼 재미있고 쉬운 과목이 어디 있어? 나는 수학을 싫다 하는 사람을 도저히 이해할 수 없어"라는 사람도 있다.

또한 과목들은 각기 다른 성질을 가지고 있어서 비교적 노력한 만큼 그대로 점수에 반영되는 과목이 있는가 하면 많은 시간을 투자해도 취향이 그쪽이 아니면 노력에 비하여 성과는 미미하게 나타나는 그런 과목이 있다. 대체적으로 국어나 영어 등 암기과목들이 전자에 속하며 수학이 후자에 속한다고 볼 수 있다.

특히 수학과목은 저학년부터의 기초가 꼭 필요하고 아울러 선천적이랄 수 있는 수리능력을 사용하기 때문에 기초가 약하거나 수리능력이 부족한 사람의 경우 고득점은 불가능하다고 보는 것이 타당하다.

시험 일이 다가와 시간은 한정되어 있을 때는 힘든 과목에 달라붙어 힘을 빼지 말고 자신 있는 과목에 더 많은 시간을 쓰는 것이 합격에 훨씬 유리하다. 어떤 학생들은 재미있는 과목은 자신 있으니까 제쳐 두고 힘들고 재미없는 공부에 매달려 시간을 다 허비하는 경우가 있다. 그것은 공부를 반대로 하고 있는 것이다.

예를 들어 특별한 음식상을 받았다고 가정해 보자. 그때는 일단 자기가 좋아하는 음식 맛을 먼저보고 난 후 나머지 음식에 손을 대는 것이 후회하지 않는 순서이다. 자기가 좋아하는 음식은 나중에 먹을 것이라고 아껴두다가 결국 먹지도 못하고 상을 물리는 우를 범해서는 안 될 것이다.

엄밀히 말해서, 대학에 가면 다시는 거들떠보지도 않을 과목에 정열을 바치기보다는 자기가 전공할 과목에 한 시간이라도 더 투자하는 것이 바람직하다는 것이다.

상대적으로 수학이 취약했지만 S대에 합격한 B군의 예는 참고해 볼만하다. "막판 공부를 하면서 수학은 교과서 중심의 기본풀이 중심으로 바꾸었어요. 그동안 여러 번 풀어 보았던 문제들이기 때문에 가급적 눈으로 대강 풀어보는 식으로 하여 시간을 아끼고 많은 시간을 내가 특히 자신 있는 영어나 암기과목에 썼지요. 그것이 적중했던 것 같아요. 시험장에서 영어와 암시과목은 거의 만점을 받았고 예상대로 수학이 문제였는데 일단 풀리는 것들을 먼저 풀고 난 후 나머지는 편한 마음으로 다스렸답니다. 그러면서 자연스럽게 지능기공에서 배운 직감을 모아서 그 느낌에 나를 맡겨버리고 답을 찍었지요 나중에 맞춰보니 찍은 것이 90%나 적중했더라고요."

시험에서 높은 점수를 받는 법

시험준비의 첫 단계는 시험 시간표가 발표된 뒤 공부해야 할 과목수와 난이도에 따라 공부시간을 배분하는 것이다. 만일 영어가

성적, 이제 내 마음대로 한다

어려울 경우 이틀 정도를 영어에 할애하고 나머지 과목은 하루씩 배정하는 등 자신의 수준을 고려해 공부 시간표를 짠다. 또한 교과서의 기본내용을 정리하고 빠진 필기내용을 보충하는 등 공부하기 전에 필요한 자료들을 준비해 둔다.

두 번째 단계는 정리한 내용을 보면서 핵심을 암기하고, 문제집을 풀어보고, 더 나아가서는 본인이 예상문제를 내어 풀어보도록 하는 것이다. 공부를 할 때에는 먼저 중요한 개념을 정리한 뒤 그에 따르는 세세한 내용을 공부하는 것이 효과적이며, 예상문제를 만들 때에는 친구들과 서로 문제를 내고 답하는 방법도 좋다. 또한 이때 자신에게 취약한 과목이나 내용을 체크하여 보충을 한다.

세 번째 단계에서는 시험 전날과 당일을 위해 정리했던 내용과 문제집을 풀면서 틀린 문제와 핵심개념을 다시 훑어보고 암기한다. 이와 같은 방식으로 계획을 세워 시험을 준비하면 교과내용을 두세 번 반복할 수 있다.

시험을 치를 때는 무엇보다 긍정적인 생각을 갖는 것이 중요하다. 시험을 잘 봐야 한다는 강박적인 생각보다는 '내가 공부한 만큼 시험을 보겠다' 는 마음가짐이, '도저히 모르겠다' 고 포기하기보다 우선 마음을 가다듬고 차분히 생각해 보는 것이 시험에 대한 부담감을 줄이는 데에 도움이 될 것이다.

학교에서의 경우 다음 시험에서 좋은 결과를 얻으려면, 시험지를 버리지 말고 이와 같이 적극적으로 활용해 보자. 그러면 점수와 등수 확인에 집착해서 쉽게 좌절하기보다 오히려 자신의 학습 수준과 부진한 부분을 명확히 파악할 수 있어 다음 시험에 자신감

있게 대처할 수 있다.

시험공부를 위한 마음 훈련

시험이 임박하거나 시험기간 중에는 대개 살펴 볼 것은 많고 시간은 부족하여 평소보다 무리하게 공부하는 수가 있다. 그러나 이것을 반복하게 되면 피로감과 심한 스트레스로 인하여 오히려 시험을 망치는 경우가 왕왕 있다.

필자의 친구 중 하나는 일류학교에 들어가려는 욕심에 과로한 나머지 정작 시험날 시험장에서 졸음이 쏟아져 깜박 조는 바람에 시험을 망쳐 30년이 지난 지금까지 그것을 후회하고 있다. 비록 졸지는 않더라도 심신이 피로하여 상태가 나쁘면 아는 문제도 못 쓰게 될 뿐 아니라 착각으로 답안 작성을 밀려 쓰게 되는 경우도 있다.

시험기간 중에는 오히려 명상과 기공으로 정신과 몸을 조절하며 힘을 비축해야 할 것이다. 시험 당일에 2~30점이 왔다갔다 한다. 심신에 기가 있어야 행운도 오는 법이다. 각별히 유의할 일이다.

시험공부가 즐거우려면, 시험기간이라고 해서 특별히 어렵거나 밤을 새워서 해야 한다는 생각부터 고쳐야 한다. 시험공부는 평소 하던 공부의 연장이며, 단지 시험을 위해서 전에 공부했던 것을 다시 정리하는 것이라고 가볍게 생각하는 것이 좋다.

또한 시험을 자꾸 피하려고만 하지 말고 적극적으로 맞이하는 자세를 가져야 한다. 어차피 시험은 내가 좋아하든 싫어하든 볼 수밖에 없는 것이니까. 따라서 시험보는 것이 일단 결정되면 시험을 적극적으로 받아들이는 정신 자세를 갖는 것이 시험공부에 훨씬 유리하다.

남들이 모두 시험공부를 어렵고 힘들다고 해서 나도 똑같이 그럴 필요는 없다. 시험공부에 대한 중압감을 가지고 하기 힘든 것이라는 선입감을 가지고 있으면, 우선 공부를 열심히 하고 싶은 의욕이 나지 않고 싫증만 커지게 된다. 따라서 시험공부는 내 실력을 점검하고 목표를 세워 도전해 보는 기회로 여기는 것이 좋다. 그리고 '나는 시험공부가 정말 즐겁고 스릴이 있다'고 생각해 보자. 이런 생각이 확고할수록 시험공부는 더욱더 능률적이 될 것이다.

시험공부가 즐거워지는 이유를 생각해 보자. 먼저 시험공부는 평소에 공부한 내용 중에서 전체적으로 이해가 잘되지 않거나 부족한 부분을 다시 정리하는 작업이나 같다. 나에게 부족한 것보다 훨씬 더 공부할 맛이 나는 법이다. 다음으로 시험공부는 각 과목별로 공부할 내용을 체계적으로 정리하는 작업이다. 따라서 평소 공부할 때 부분적으로만 보았던 내용을 전체적인 시각에서 보게 되는 것 또한 새로운 일이다. 마지막으로 뭐니뭐니해도 시험공부는 열심히 한 만큼 그대로 점수에 반영된다. 따라서 막연히 하는 공부보다 목표를 세우고 하면 훨씬 스릴이 있고 박진감이 넘친다.

공부의 재미있는 면이나 즐거운 면을 크게 보고, 또한 시험공부는 기본적으로 흥미롭고 즐겁다는 시각을 확고하게 가지면 오래 지나지 않아 시험을 즐길 수 있게 될 것이다.

한편 시험공부를 하다 보면 누구나 처음에 계획 세운 대로 되지 않고 차질이 생기기 마련인데, 이를 극복하기 위해서는 마음 수련을 통해 자신을 달래야 한다. 지금 하고 있는 시험공부에 대하여 긍정적이고 낙관적이 되면 생각하면 힘든 고비가 찾아와도 극복할 수 있는 마음이 커진다.

1.책상에 앉아 있는 연습부터

성적을 올리기 위해서는 마음이 안정되어야 하며 마음의 안정을 위해서는 먼저 자세가 안정되어야 한다. 앞장에서 말했듯이 공부는 책상에 앉아서 해야 능률적이다. 처음엔 힘들지만 지시하는 대로 하여 공부에 힘이 붙으면 이 문제도 걱정할 문제가 아니다. 나를 잊은 채 공부에 몰두할 수 있게 되기 때문이다.

물론 이미 책상공부가 습관이 된 학생에게는 문제가 되지 않는다. 그러나 새롭게 공부를 하고자 결심한 사람이라면 일단 책상에 오래 앉아 있는 것부터 시도해 보는 것이 좋은 방법이다. 나는 시간만 있으면 무조건 책상에 오래 앉아 있기를 권한다. 그렇게 하기 위해서는 앞장에서 말했듯이 내적인 조건과 함께 기(氣)의 힘이 있어야 한다. 다소 힘들더라도 일단 공부하기로 마음먹었다면 스스로 자신을 다스려야 한다.

책상에 앉아 우선 학교에서 내준 숙제를 하고 당장 국어 교과서를 읽고 영어 단어 외우기를 시작할 수도 있다. 아무튼 책상을 떠나지 말고 오래 버티어 보라는 것이다. 이때 사람에 따라서는 평소와는 달리 화장실을 자주 다니기도 하는데 체질에 따라 다르겠지만 가급적 화장실에 가는 것조차 삼가면서 최소 다섯 시간쯤은

연달아 앉아 있는 훈련을 해야 한다.

소설책이라도 본다

숙제를 다 하고 국어 교과서를 여러 단원 읽었는데도 아직 시간이 많이 남아 있으면 요새 인기 있는 소설책을 읽을 수도 있고 무협지를 보아도 된다. 좌우간 책상에 앉아 버티는 연습을 한다. 또한 아직도 삼국지나 수호지를 보지 않았다면 이참에 그것을 읽을 수도 있을 것이다. 그마저 안 되면 만화책을 볼 수도 있다. 도저히 어렵다면 말이다.

연습이 안 된 상태에서는 두 시간 정도만 앉아 있어도 온몸이 쑤시는 게 당연한 일이다. 그럴수록 더욱 자세를 바로잡고 더욱 책에 집중하도록 노력해야 한다. 처음엔 책 속의 글씨가 잘 보이지도 않고 내용도 이해할 수 없을 것이다. 또한 밖으로 나가고 싶은 강한 유혹도 생길 것이다. 그러나 무슨 일이 있어도 처음에 세운 계획대로 밀고 나가야 한다.

꼭 지켜야 할 것은 의자에 앉아 자리를 떠나지 말 것이다. 물론 무조건 책상에 앉아 있다고 해서 공부가 되는 것은 아니다. 그러나 여기에는 두 가지 장점이 있다. 하나는 앉는 힘을 만드는 것이고 하나는 독서력을 기르는 것이다. 또한 이것은 앞으로 내가 공부를 할 수 있느냐 못하느냐가 갈리는 자신과의 싸움이다. 한치도 뒤로 물러나서는 안 된다. 나의 앞날이 여기에 달려 있다고 생각하라.

인내심 하나로 버티기

  50분 공부하고 10분은 휴식해야 한다는 것도 여기서는 해당되지 않는다. 대학생 중에도 많은 학생이 이 초기단계를 이기지 못하고 담배를 피우거나 커피를 마시면서 잠깐 휴식을 취하기 위해 일어났다가 30분에서 1시간을 허송 세월 하는 경우가 비일비재하다. 의지가 약하기 때문이다. 그러나 이것 하나 제대로 할 수 없을 정도로 절제 능력이 없다면 아무것도 이룰 수 없다는 생각으로 자신을 채찍질하라.

  일단 규칙적인 생활을 유지하고, 책상에 일정 시간 이상을 앉을 수 있고, 딴 데 관심을 두지 않고 책만 볼 수 있다면 성공의 가능성은 높다. 처음에는 어렵더라도 곧 힘들이지 않고 자동적으로 몸이 적응하게 된다.

끊임없이 찾아오는 포기의 유혹을 효과적으로 극복하기 위해서는 숨이나 자신의 신체의 느낌에 대해 관심을 가지고 변화를 지켜보는 것도 좋다. 그것은 아주 훌륭한 명상이며 집중력 향상법이다. 인체는 보통 사람이 생각하는 것보다는 훨씬 더 신비로운 조직이다. 그 안에서 천변만화가 일어나고 있는데 우리는 우리 자신의 신체에 대해서조차 너무도 모르고 있다. 공부도 하나의 도(道)이다. 도를 닦는 수도자의 자세로 몸과 마음에서 일어나는 느낌들에 관심을 가지고 지켜보노라면 곧 공부를 잘할 수 있는 심신으로 모두가 바뀌게 된다.

일주일 정도 책상에 앉아 버티노라면 서서히 진전이 보이기 시작한다. 무슨 일이나 한 만큼의 결과는 있는 법이다. 정성을 들이면 들인 만큼 확실한 보답이 있다. 심지어 강아지도 훈련을 시키면 말을 듣는데 만물의 영장인 사람은 오죽하랴! 어려움을 이겨내고 규칙적으로 책상에 앉는 연습을 하면 마음이 공부하는 쪽으로 서서히 자리를 잡게 된다.

그때쯤이 되면 몸도 변하고 마음도 변한 것을 스스로 실감할 수 있다. 몸도 변하고 마음도 변한다. 오랜 시간 조용히 앉아 책만 보고 있었기 때문에 서서히 생각도 단순화되고, 이에 따라 잡념이 많이 사라지게 된다. 자연히 마음이 편안해지고, 괜히 불안해서 자리가 들썩이는 생리적 이상 현상은 저절로 없어지게 된다. 이제 첫 번째 공부의 조건이 갖추어진 것이다.

2. 참고서는 한 권으로

먼저 자신의 책꽂이부터 정리하여 교과서와 과목별로 정해진 한 권의 참고서를 제외하고는 모두 책꽂이에서 치운다. 그것은 버리거나 박스에 넣어 보관하고 나중에 충분히 기본이 잡힐 때까지 쳐다보지도 않는다. 집중력 있는 공부를 위해서는 한 권의 책만을 보는 것이 매우 중요하다. 어떤 공부를 하든지 기본적으로 한 권의 참고서면 충분하기 때문이다. 이것저것 여러 권을 보면 오히려 집중력을 떨어뜨릴 수 있다.

한 권의 참고서로 맥을 잡는다

참고서는 선생님이나 친구의 추천을 받아 하나만 구하면 된다. 좋다는 참고서를 모두 사서 이것저것 보게 되면 중심없이 혼동이 되어 오히려 맥을 놓칠 수 있다. 이 사람이 이 참고서가 좋다면 금방 사서 보다가, 또 다른 사람이 다른 참고서가 좋다면 여태 보던 참고서를 버리고 그 참고서로 바꾸는 사람에게서는 큰 진전을 기대하기 어렵다.

성적, 이제 내 마음대로 한다

주위에 그런 경우를 종종 보았다. 사전에 철저히 조사를 해서 자신에게 맞는 공부방법과 그에 맞는 참고서 등을 선택한 후 성과가 있을 때까지 밀고 나가는 끈기가 요구된다. 오랜 경험에서 깨달은 바인데 공부도 한 우물을 파야 한다는 것이다. 아울러 공부방법에 대해 주도면밀하게 그리고 항상 연구해야 함을 명심하자.

여러 권의 참고서는 집중을 흐리게 한다. 우리의 두뇌능력은 한정되어 있기 때문에 여러 책을 기억하기는 벅차다. 여러 권의 참고서를 보게 되면 자연히 어떤 책도 처음부터 끝까지 보기는 어렵다. 따라서 많은 시간을 투자하고서도 제대로 체계를 잡지 못하는 경우가 허다하다. 그러다 보니 오히려 큰 줄기를 놓칠 가능성이 많다.

새로운 문제가 잘 풀리지 않을 때 한 권의 교과서와 참고서만 보는 사람은 교과서와 참고서의 내용을 종합적으로 응용하여 문제를 풀어 보려고 궁리하게 된다. 반면에 여러 권의 참고서를 보는 사람은 유사한 문제가 혹시 다른 책에는 없을까 하고 찾기부터 하는 경우가 많다. 그렇게 같은 유형의 문제를 찾는 시간도 아깝지만, 설혹 찾게 되면 스스로 생각하는 기회를 잃어버리기 때문에 더 치명적인 결과가 된다.

인기 있는 참고서는 이유가 있다

참고서는 가장 많이 알려져 있는 책을 선택하는 것이 무난하다.

가장 많이 보는 참고서라면 필요한 대부분의 내용이 잘 정리되어 있다. 왜냐하면 이미 수십 년간 많은 학생이 그 책만으로도 충분한 성과를 올린 것이기 때문이다.

주위의 공부 잘하는 학생을 살펴 보라. 아마 대부분 한 권의 참고서를 볼 것이며, 주된 참고서를 정하지 않고 이 책 저 책을 보는 학생은 대부분 성과가 좋지 않을 것이다. 처음부터 여러 책을 보는 것과 한 책을 완벽하게 이해하고 나서 다른 책을 보는 것과는 하늘과 땅만큼 큰 차이가 있다.

상담을 했던 학생 중의 하나가 생각난다. 그렇게 해서는 안 되는 줄 알면서도 옆에서 친구가 다른 참고서를 보고 있으면 불안해서 견딜 수가 없었다. 자기도 그 책을 사야 직성이 풀렸으며 그렇게 해서 사 본 영어 책만 수십 권이 되었다고 한다. 얼마나 스트레스를 받았으면 그랬을까 하는 생각도 들지만, 기본이 얼마나 중요한가를 다시금 일깨워 주었다.

한 권 독파하면 다시 새 책으로 사라

한 권의 책을 선택했으면 표지부터 마지막 장까지 빠짐없이 보아야 한다. 그래야만이 체계가 제대로 잡히기 때문이다. 그렇게 해서 끝까지 다 보았으면 앞에서부터 다시 보기 시작해야 한다. 경험에 의하면 어떤 책이건 두 번째 볼 때 실력이 가장 향상된다. 처음 볼 때 세부적인 사항을 이해하고 기억하느라 신경을 써서 그런

지 체계적으로 자리잡히지 않던 내용이 두 번째 볼 때는 대단히 명쾌하게 정리가 되는 것이다.

한 권의 참고서를 세 번쯤 독파하면 책이 지저분해진다. 그럴 때는 그 책을 새로 사서 다시 보도록 한다. 한 권의 책을 오래 보다 보면 눈에 잘 띄지 않는 부분들이 있다. 마치 교정볼 때 글을 쓴 필자는 수십 번을 보아도 찾지 못하는 오타를 다른 사람은 쉽게 찾듯이, 같은 글을 계속 보면 어떤 부분의 중요성을 인식하지 못하면서 매번 지나치는 경우가 있다. 이런 경우에 새 책을 보게 되면 새로운 사실을 알게 되고, 그전에 보았던 책에서 지나쳤던 중요한 내용을 새롭게 인식하게 된다.

문제집을 공부하는 사람 중에는 문제를 외우는 사람이 있는데 이 역시 잘못된 공부방법이다. 아마 이들은 많은 문제를 익히면 유사한 문제를 푸는 데 도움이 될 것으로 생각해서 그런 방법을 쓰는 모양이다. 이 역시 실력을 배양하는 데 치명적인 해악을 미친다. 특히 이들이 간과하고 있는 것은 이런 방법이 중요하지 않은 시험에서만 통한다는 것이다. 실제로 문제를 내는 일은 매우 많은 노력을 요구하는 것이기 때문에 큰 정성을 들여서 문제를 내지 않는다면 항상 유사한 문제를 낼 수밖에 없다.

그러나 더 중요한 시험일수록 출제자는 더 많은 노력을 기울이게 마련이고, 그때 출제하는 문제는 새로운 문제일 가능성이 많다. 특히 수능시험과 같이 국가가 주도하는 시험은 전문가들이 오랫동안 합숙해 가며 문제를 내기 때문에 문제집에 이미 있는 문제가 출제되는 것을 기대하기는 어렵다. 중요한 시험만 보면 성적이 떨어지는 학생이 있다면 이런 이유 때문이 아닌가 고려해 보아야 한다.

성적, 이제 내 마음대로 한다

3. 눈으로만 해선 안 된다

오감(五感)을 이용하라

성적을 올리려면 온몸을 사용해서 공부해야 한다. 묵묵히 책을 읽기보다는 소리를 내어 읽으면서 내용을 정리한다든지 중요한 부분을 연필로 표시해 나가면서 눈, 귀, 입, 손 따위의 여러 감각기관을 한꺼번에 사용해서 공부하는 것이다.

근육을 움직이거나 긴장시키거나 할 때 생기는 감각의 신호가 대뇌를 자극시켜서 머리의 움직임을 활발하게 해준다. 한 번, 두 번, 세 번 반복해서 연습할 때마다 감각기관을 바꾸면 훨씬 더 효과를 올릴 수 있다.

영어 단어나 역사의 연호, 수학의 공식 같은 것을 외울 때에는 첫 번째는 눈으로 보고, 두 번째는 귀로 듣고, 세 번째는 손으로 쓴다. 그런 다음, 마지막으로 눈으로 보면서 발음하고 귀로 듣고 동시에 손으로 써본다는 식으로 공부하면 기억은 더욱 확실해진다.

적은 시간을 공부한다 할지라도 머리에 새겨지는 공부를 해야 한다. 너무도 당연한 말이므로 그게 무슨 말인가 하고 생각하겠지만, 대부분의 사람들은 눈으로 훑듯이 공부하는데 습관이 되어 있기 때문이다. 머리에 새겨지지 않으면 공부를 하지 않은 것이나 같다.

눈은 단순하게 정보를 받아들이는 장치에 지나지 않는다. 눈으로 받아들인 지식은 우리의 뇌에 아주 잠깐 머물 뿐이다. 기억이 제대로 되자면 머리에 새겨져야 한다. 그렇지 않으면 그것은 아무런 소득이 없는 공부, 다시 말해 취미생활에 지나지 않는다. 많은 학생이 단순히 눈으로 공부하는 것을 보고 놀랐던 적이 있다. 그렇게 습관이 되었겠지만 그것은 시험을 위한 임시변통에 지나지 않는다.

강의를 들을 때도 마찬가지이다. 머리에 새기며 듣는가 그렇지 않은가는 성적에 큰 차이를 낸다. 늘 어떻게 하면 머리에 새겨질

까 궁리해야 한다. 머리에 새기는 공부의 가장 큰 특징은 끊임없는 의문이 생긴다는 것이다. 공부를 하면서 아무런 의문도 느끼지 못한다면 그 공부는 하나마나한 공부이다. 그런 공부는 아무런 효과를 기대할 수 없기 때문이다.

노트 정리가 중요한 이유

머리에 새기는 공부를 하기 위해 공부한 내용을 노트에 다시 정리해 보는 것이 매우 효과적이다. 이렇게 다시 정리를 하면 머리에 확실히 새겨지기 때문이다. 책을 덮고도 내용이 정리가 될 정도라면 용어의 정의나 정리의 내용을 이해하고 있다는 것이므로 거기에 나오는 문제는 모두 스스로 풀 수가 있다. 이렇게 스스로 문제를 풀어 보려고 애쓸 때 자연스럽게 머리를 쓰게 되고 이렇게 훈련을 거듭하면 머리에 새기며 공부하는 것이 자연스런 습관이 된다. 그러므로 진정으로 성적을 올리기를 원한다면 귀찮더라도 매일 공부일기를 써야 한다.

성적이 오르지 않는 학생을 보면 원리를 건성건성 공부하고는 곧바로 문제풀이로 들어가는데 당장은 쉽고 진도도 빠르겠지만, 머리에 새겨지는 공부와는 거리가 멀다. 많은 문제를 풀어 시험에 대비하자는 의도는 이해하지만, 이런 공부방식으로 좋은 성과를 기대하는 것은 불가능하다.

4.무조건 외우지 않는다

우리 학생에게 꼭 해주고 싶은 말은 "무조건 외우지 마라"이다. 머리에 새기며 공부를 하면 저절로 기억이 되기 때문이다.

공부의 본질은 단편적인 여러 지식을 논리적이고 체계적으로 연결시키는 능력을 의미하는 것인데, 어떤 책도 그 모든 관련사항을 낱낱이 밝혀 놓을 수는 없기 때문에, 제대로 공부하는 사람에게는 항상 설명이 부족하게 마련이다. 따라서 자신이 알고 있는 논리체계로 이것저것 연결시키다 보면 자연히 많은 의문이 생기게 마련이다.

선생님의 강의도 무조건 받아들이기만 할 것이 아니라 자신의 논리 체계와 맞추며 공부해야 한다. 그렇게 하기 위해서는 늘 자신의 논리 체계를 정리해서 노트에 적어두는 습관을 들여야 한다.

논리적 체계를 세운다

외우지 않으면 어떻게 시험을 볼 수 있는가 걱정하지만 제대로 공부하는 사람은 그런 염려를 하지 않는다. 왜냐하면 저절로 기억하기 때문이다. 하나하나 논리적이고 체계적으로 깨우쳐 가게 되면 중간중간에 반드시 기억해야 되는 사항이 있다. 그럴 때 스스로 논리적으로 설명하려면 반드시 그런 사항을 기억할 수밖에 없다

즉 논리 전개에 꼭 필요한 사항은 전체 속에서 위치를 잡아 두면 저절로 기억이 된다. 물론 처음에 스스로 생각할 때 이런 단편적 사항에 대해 기억이 잘 나지 않을 수 있다. 그래서 다시 책을 참고해서 그 단편적 사항을 익힐 때 노래를 부르듯 해야 한다. 즉, A에서 B를 거쳐 C를 논리적으로 유도할 때, B를 기억하지 못하면 B만 외우려 노력하는 것이 아니라 처음부터 다시 시작해서 그 논리적 전개 모두를 다시 익히도록 해야 한다.

이렇게 공부를 해야 하는 이유는 이렇게 해야만 중요한 것과 중요하지 않은 것을 가려낼 수 있기 때문이다. 보통 교과서에는 내용 전개를 위해서 꼭 필요한 사항이 있는가 하면 그저 지엽적인 사항을 나열해 놓은 것도 있다. 그저 외우는 공부만을 하는 사람은 어떤 것이 중요한지를 파악하기가 쉽지 않다. 그러나 논리적 체계를 위주로 공부하는 사람은 자연스럽게 중요한 순서대로 기억하게 되는 것이다.

그저 외우기만 하는 것보다는 이렇게 논리적 체계를 이해하기 위해 머리에 새기며 공부할 때 더 잘 기억에 남는다. 시험공부를 할 때도 그 논리적 체계를 따져 보게 되는데, 그렇게 되면 굳이 외우려 노력하지 않아도 저절로 기억이 된다.

기억만이 능사는 아니다

잘 외운다고 꼭 성적이 잘 나오는 것은 아니다. 물어보면 줄줄 모르는 것이 없던 친구가 의외로 성적은 별로 뛰어나지 않은 경우도 많기 때문이다. 외우는 데 많은 시간을 쏟느라고 여러 가지 지식이 어떻게 연관되는지는 생각할 겨를이 없기 때문이다. 무엇을 공부하든지 간에 설정된 주제를 이해한 후 그 주제를 중심으로 전개되어 가는 논리를 생각하면서 공부해야 한다. 주변적인 지식은 참고용으로 쓸 뿐이다. 지엽적인 지식은 시험이 끝나면 곧 잊어버리게 마련이며 장기적인 발전은 기대할 수 없다. 그러나 아직도 이런 이야기를 하면 많은 학생이 흘려 듣는데, 아직도 공부는 머리에 새긴다는 간단한 이치를 제대로 이해하지 못하는 듯 싶다.

성적, 이제 내 마음대로 한다

5. 우선 한 과목부터

지혜로운 전략가는 적에게 포위를 당했을 때는 병력과 화력을 모두 모아 한곳을 집중 공격해 활로를 찾는다. 오히려 그것은 병법의 기본이다. 인기를 끌었던 한 코미디 영화에서 "나는 한 놈만 패" 라는 대사는 유행어가 될 정도였다.

성적을 올리는 방법 중 한 가지는 한 과목에 온 힘을 모아 그것부터 정복해 들어가는 것이다. 그렇게 하여 그 과목에 충분한 자신감이 붙은 후에 차례차례 다음 과목을 정복해 들어가는 방법인데 성적을 올리기에 매우 효과적이다. 우선 한 과목부터 정복하는 방법을 쓰기를 권한다.

먼저 자신이 가장 만만하다고 생각하는 과목부터 시작한다. 열 과목을 80점 받는 학생과 아홉 과목을 30점 받고 한 과목을 100점 받는 학생이 있다면 한 과목이라도 100점 받는 학생이 훨씬 더 장래성이 있다고 생각한다. 중요한 것은 한 과목에 100점을 받았다는 사실이다. 아무리 쉬운 시험도 만점을 받는 것은 쉬운 일이 아니다. 만점을 받았다는 것은 곧 그 과목을 어떻게 공부해야 되는지를 제대로 터득했다는 것을 의미하는 것이고, 그렇게 한 과목에서 요령을 터득했다면 곧 다른 과목에서도 요령을 터득하기가 쉽기 때문이다.

물론 열 과목에 투자할 시간을 한 시간에 모두 투자해서 만점을 받는다면 시간을 잘못 배분한 것이지만, 설사 그렇다고 하더라도 그렇게 한 번 만점을 받는다면 다음 번에는 자신이 붙어 다른 과목도 정복하기가 용이하다. 더욱이 국어, 영어, 수학과 같이 주요 과목에서 만점을 받거나 계속적으로 학교에서 가장 높은 점수를 받을 수 있다면 그것은 대단한 일이다. 아무도 무시하지 못할 것이기 때문이다.

한 과목에서 공부방법을 깨닫는다

한 과목부터 정복해야 하는 중요한 이유 중의 하나는 공부방법을 익히기 위한 것이다. 한 과목에 점수를 올리겠다는 확고한 목표와 함께 계획을 수립하고 공부를 열심히 했는데도 불구하고 성적이 오르지 않는다면, 어딘가에 문제가 있음을 쉽게 알 수 있다. 자신의 공부방법을 검토하고 그것에 변화를 줄 수 있으며, 그러한 변화로 성적이 오르는 학생은 자신감을 얻게 되는 것이다. 처음이 어렵지 일단 한 과목을 정복하고 나면, 나머지 과목도 처음의 교훈을 살려서 해결할 수 있으므로 한 과목에 투자한 시간이 결코 낭비가 아니다.

장기적인 입장에서라도 한 과목을 오래 공부할 수 있는 집중력을 키워야 한다. 대학에 가면 점차 전공과목만 공부하게 되는데,

고급과정에 갈수록 한 과목을 오래 공부하지 않을 수 없게 된다. 그러므로 한 과목에 집중할 수 있는 능력을 지금 키우는 것이 '꿩 먹고 알 먹는' 선택이다.

이르면 이를수록 좋다

한 과목을 정복하는 일은 그리 어려운 일이 아니다. 저학년에서 얼마나 빨리 한 과목을 정복해서 자신의 과목으로 만드는가가 매우 중요하다. 빨리 한 과목을 정복하게 되면 특히 자신감이 생겨나는데, 이 자신감이 다른 과목을 정복하는 데 큰 힘이 된다.

일찍 한 과목이라도 완벽하게 해두지 못하면 점차 초조한 마음으로 허둥댈 가능성이 높다. 입시를 앞둔 고학년이 되어서 특정과목에 시간을 집중한다는 것은 매우 어리석은 일이다. 그러나 그렇지 않고서는 깊이 있는 공부가 되지 않기 때문에 이때의 공부가 큰 성과를 나타내기 어렵다. 따라서 가급적 빨리 한 과목을 정복하는 것이 중요하다. 빨리 한 과목을 정복해 놓은 사람은 여유가 생기는 반면에 그렇지 못한 사람은 계속 시간에 쫓기기 때문이다.

한 과목의 점수를 올리고 난 후에 상대적으로 공부하는 시간을 줄이면 성적이 떨어지지 않을까 걱정할 수도 있겠지만, 그 과목에서 만점을 받을 정도로 완벽하게 공부했다면 그런 걱정은 하지 않아도 좋다. 문리(文理)가 터지면 수업시간 시작하기 5분 전쯤에 미리 그날 공부할 내용을 전부 읽고 내용을 어느 정도 파악할 수 있다.

수업이 시작되면 선생님의 말씀 중에 그전에 몰랐던 것이 있었나만 파악하면 된다. 새로운 내용만 정리하면 되니 그런 내용을 짜임새 있게 기억하기가 훨씬 쉽다. 또한 대부분의 경우에는 시간이 남기 때문에 다시 혼자서 교과서의 문장을 두 번 세 번 볼 수 있다. 남들이 한 번 보는 시간에 두 번, 세 번을 보니 교과서 문장을 훨씬 더 잘 기억할 수 있음은 물론이다.

6. 영어부터 정복한다

본인이 특히 좋아하는 과목이 없다면, 먼저 영어를 정복하고 수학, 국어 순으로 이어지는 정복형 공부하기를 권하고 싶다. 누구에게나 그 순서가 좋다고 할 수는 없으나 가장 시간이 많이 들면서, 일단 어느 수준에 오르게 되면 열심히 공부하지 않아도 실력이 떨어지지 않는 것이 영어 과목이기 때문이다.

최소한 영어 교과서는 외우자. 흔히 많은 학생이 참고서로 공부하느라고 교과서를 소홀히 하는 경향이 있는데, 영어 교과서야말로 많은 전문가가 오랜 연구 끝에 가려낸 주옥과 같은 문장들이 담긴 책이다. 외우는 법은 단어 하나 하나를 외울 것이 아니라 문장을 통째로 외우는 것이 좋은 학습 방법이다.

언어 공부는 반복 공부이다

아주 어려서 학교에 다니지도 않고 누가 따로 가르쳐 주지도 않았지만 아기들은 자연스럽게 우리말을 배운다. 영어 역시 단순한 언어이므로 이것을 기억하면 영어도 아기가 우리말을 배우는 것처럼 하는 것이 가장 효과적일 것이다.

아기는 어떻게 말을 배우나? 새로운 말을 들을 때 일일이 사전을 찾지도 않고 대강 그 의미하는 바를 이해하고서는 여기저기 써보는 것이다. 때로 단어나 구문을 잘못 사용해 의미가 통하지 않기도 하고 엉뚱하게 갖다 붙이기도 하지만 곧 다른 사람들이 하는 말을 따라 점점 완전하게 된다.

따지고 보면 이렇게 배우는 방식은 매우 효율적인 방식이다. 영어도 마찬가지이다. 단지 우리말과 달리 주변에서 영어를 사용하는 사람을 많이 접할 수 없기 때문에 많이 쓰이는 중요한 단어나 표현을 자연스럽게 익힐 수 없다는 차이가 있을 뿐이다. 그렇지만 기본적인 원리는 우리말을 배우는 것과 같다는 것만 이해하면 된다.

영어 교과서는 1과부터 무조건 외운다. 단어가 아니라 문장 전체를 외우고 또 외운다. 언어 공부는 반복 공부다. 아기가 말을 배우듯 그렇게 하는 것이 최선의 방법이다,

먼저 영어 교과서 원문을 공책에 적고 그 밑에 해석을 적는다. 그 다음엔 일일이 해석된 것을 적고 그 밑에 영어 원문을 적는다. 영작을 하는 것이다. 그렇게 교과서를 마스터한 후 영어 참고서를 한 권 정해 동일한 방법으로 정복한다. 교과서 한 권과 참고서 한 권을 외우는 동안 영어에 대한 문리(文理)가 터진다. 그리되면 아마도 영어 시험은 만점 행진이 될 것이다. 그렇게 영어로 자신감을 획득한 후 수학에 달려들고 국어에 공략한다.

7. 수학과 친하자

수능에서 수학이 차지하는 점수가 높기 때문에 수학을 무시하고는 원하는 대학에 가기가 쉽지 않다. 해결책은 하나다. 수학과 친해지는 것이다. 세상 모든 것은 마음먹기에 달려 있다. 수학과 친하기 위해서 우선 수학 선생과 친해져야 한다. 사람은 자기를 좋아하는 사람을 좋아하게 되어 있다. 그리고 자주 만나야 한다. 그에게 자주 음료수도 갖다드리고 가끔 어깨도 주물러 드리자.

많은 학생이 수학 때문에 애를 먹지만, 고등학교 수학은 기계적이라고 불릴 만치 도식적인 부분이 많다. 몇 가지 중요한 사항만 알고 있으면 나머지는 저절로 이해하게 되어 있다. 문제풀이에도 연관된 몇 가지 기술만 익히면 대부분의 문제가 풀리는 것이다.

자기 암시를 통해 흥미를 갖자

'마음에 없는 것은 눈앞에 있는 것도 보이지 않으며, 말을 들어도 귀에 들어오지 않는다' 라는 말이 있다. 당연하게 흥미가 있는 과목에 대해서는 관심이 생기게 마련이고, 관심이 높으면 저절로 집중력이 일어나게 마련이다.

수학을 못하는 대부분의 학생을 보면 기초가 부족해서가 아니라 공부 방법에 문제가 있기 때문이다. 물론 최소한의 필요한 기초지식은 갖추어야 하지만, 새롭게 수학을 극복하겠다는 각오가 무엇보다 중요하다.

수학을 좋아한다고 자기 암시를 걸어 보자. 그리고 칠판 앞에서 수학 문제를 멋지게 풀어 내는 자신의 모습과 부러운 시선으로 나를 바라보는 친구들의 눈빛도 떠올려 보자. 여러 번 반복하노라면 자신에게 뜻밖에 놀라운 변화가 생기는 것을 느낄 수가 있을 것이다. 자기 암시는 마음을 움직이기 때문이다.

수학은 계단식이다

수학은 마치 계단을 오르는 것과 같다. 그러므로 확실히 한 계단씩 올라가면 누구나 쉽게 오를 수 있지만, 조급하여 몇 계단식 한꺼번에 뛰어오르면 빨리 지치게 되는 법이다. 국어, 영어, 국사 같은 과목은 한두 번 수업을 소홀히 해도 정신만 차리면 그 다음 수업을 따라갈 수 있지만 수학은 다르다. 예를 들어 인수분해를 배우려면 식의 전개 방법이나 곱셈 공식을 알아야 하고, 나눗셈을 하기 위해서는 구구단을 알아야 한다. 이와 같이 수학은 엄격한 순서가 계단처럼 나열되어 있어 교과서의 차례를 바꾸어 공부하게 되면 이해가 어려운 과목이다.

수학을 잘하려면 한 단원이라도 확실히 학습하도록 하는 것을 목표로 삼아 쉬운 것부터 차례로 해결해 나가는 습관을 길러야 한다. 그러므로 매일 꾸준히 일정하게 공부하는 습관이 필요하다.

공식의 유도 과정을 이해하자

초등학교 수학에서 구구단의 암기가 필수인 것처럼 중학교, 고등학교 수학에서 인수분해의 기본 공식은 절대적이다. 그런데, 대부분의 학생들은 인수분해의 기본 공식을 암기만 하여 공식과 유사한 문제는 척척 풀지만 다소 변형된 문제는 손을 전혀 못 대는 경우가 많다.

공식을 유도하는 과정을 이해하지 못했기 때문이다. 공식의 의미를 깨닫게 되야 응용력을 넓힐 수 있게 된다. 수학에서 기억할 것은 공식의 결과가 아니라 공식을 유도하는 사고과정이라는 것을 이해하라.

스스로 풀어봐야 한다

수학 공부는 어떤 의미에서는 제일 단순하다. 스스로 풀어보기만 하면 되는 것이다. 수학을 잘하는 학생의 이야기를 들어보면 수학 공부에 있어서만은 공통점이 하나 있다. 그들이 꼭 후배들에게 전하고 싶은 이야기는 수학문제는 스스로 풀어 보았다는 것이다. 어떤 경우에도 답을 먼저 보지 않는다.

수학 문제를 자신이 풀기 위해서는 머리를 쓰지 않을 수가 없다. 따라서 자신이 풀려고 노력할 때 집중할 수밖에 없고, 자신이 문제를 풀었다면 재미를 느끼기 때문에 또 집중할 수 있다. 문제를 풀지 못했다면 답을 맞춰보기 위해 그리고 자신이 풀지 못한 이유, 또는 자신의 접근방법이 왜 틀렸는가를 이해하기 위해 또 집중해야 한다.

끝까지 푼다

수학 성적을 올리는 가장 좋은 방법은 마치 시험을 보듯 교과서를 처음부터 끝까지 완벽하게 풀고 마침표를 완전하게 찍은 다음 답을 맞춰 보는 것이다. 실제로 문제를 풀다보면 예상치 않은데서 걸리는 경우가 꽤 많다. 그저 눈으로 건성건성 풀거나 하는 경우에는 이런 작은 난관에 부딪쳤을 때 제대로 해결하지 못할 가능성이 높다.

더욱이 시험까지 고려할 때 시험장에서는 평소보다 훨씬 긴장되어 있는 상황이기 때문에 조그만 문제만 발생해도 당황해서 어찌할 줄을 모르고 계산상 실수도 자주 하게 된다. 완벽하게 마침표를 찍을 때까지 자신이 직접 풀어보는 것을 습관화할 때 이런 문제가 발생하지 않으며, 실수하는 횟수가 줄어들수록 자신감이

들고 마음이 편안한 상태에서 시험을 치를 수 있다. 대부분은 이 때서야 비로소 수학이 재미있게 느껴지는 것이다.

수없이 강조했지만 공부는 얼마나 오랫동안 많이 했는가가 중요한 것이 아니라 얼마나 집중해서 했는가가 중요한 것이다. 수학도 한 권의 참고서로 끝내야 한다. 많은 문제를 풀어보는 것이 좋다고 일반적으로 생각하지만, 오히려 이 문제를 철저하게 이해하는 것이 중요하고 항상 올바른 방법으로 문제를 접근할 수 있는 훈련을 쌓는 것이다.

까다로운 문제라고 쉽게 포기하지 말라

본인이 좋아하는 문제나 쉬운 문제는 잘 풀어나가다가도 약간만 까다로운 문제가 나오면 쉽게 싫증을 내는 학생들이 있다. 한 번 물러나면 영원히 물러나게 된다는 말이 있다. 학습진도는 앞으로 나아갈수록 난이도가 높아지게 구성되어 있기 때문에 여기서 포기하고 다시 따라 잡는다는 것은 보통 어려운 일이 아니다.

남과의 경쟁에서 이기려면 아무나 풀 수 있는 평범한 문제풀이 수준에 만족해서는 안 된다. 나에게 어려운 문제는 남에게도 동일하게 어려운 문제이다. 세상은 사이클의 연속이므로 애써서 힘든 고비를 넘겼을 때는 약간은 수월해지기도 한다. 당면한 문제가 지금은 다소 골치를 지끈거리게 할 수 있지만 이 문제만 바로 풀면 당분간은 마음 편히 지낼 수 있다고 생각한다면 힘을 내어 도전해 볼 수도 있지 않을까?

여기서 확실하게 이해하고 넘어가야 할 것은 그 사람에게 닥친 문제가 그 사람의 수준이라는 것이다. 이런 말이 있다. "우주의 법칙은 꼭 그 사람에게 맞는 문제를 준다. 절대로 해결이 불가능한 능력 밖의 문제는 내지 않는다." 초등학생에는 초보의 문제가, 고등학생에게는 고급의 문제가 주어진다. 절대로 초등학생에게 고급의 문제가, 고등학생에게 초보의 문제가 주어질 수 없다. 지금 당신에게 다소 까다로운 문제가 주어졌다는 것은 바로 당신이 그런 수준에 있다는 것이다.

실로 풀기 어려운 문제를 몇 번의 시도로 어렵게 풀었을 때 진정으로 공부하는 기쁨을 맛보게 된다. 어렵고 까다로운 문제를 끈질기게 파고들면서 고민하는 과정을 거쳐야 공부의 진정한 재미도 알게 되는 것이며 진짜 흔들리지 않는 실력을 얻게 되는 법이다.

전문적인 등산가를 예로 들어보면 쉽게 이해할 수 있다. 그들에게는 일반 사람들이 자주 가는 평범한 등산코스는 관심의 대상이 되지 못한다. 그들에게는 오로지 남들이 포기한 난코스만이 관심 있으며 그것을 정복했을 때 진정한 기쁨과 보람을 느끼는 것이다.

공부도 마찬가지다. 남들이 힘들어 하는 문제를 참을성 있게 풀어냈을 때 진정으로 뿌듯한 만족감을 가질 수 있게 된다. 당신과 그 사람과 다른 점은 단순히 생각이 다르다는 것뿐이다. 당신도 동일한 능력의 소유자이다. 생각만 약간 조절한다면 당신도 할 수 있다.

8. 국어를 잘하려면

국어 공부의 가장 기본이 되는 것은 바로 읽기이다. 따라서 '빠르고 정확하게 읽는다' 는 것은 국어 공부의 최대 관건이다. 우선 빠르고 정확하게 읽을 때 가장 중요한 것은 글의 전체 내용을 파악하는 것이다. 글의 전체 내용을 파악한다는 것은 결론적으로 이해력과 독해력에 관련한 것인데, 주체와 결론 또는 글의 요지를 전체로 조감하면서 파악하는 능력이다.

교과서가 기본이다

수능 공부에 교과서는 필요없다고 생각하는 학생들이 의외로 많은 것 같다. 물론 최근 수능시험에 교과서의 출제 비중이 높아져 예전보다 덜하긴 하지만 아직도 많은 학생들이 수능과 교과서를 별개로 보고 있는 경우가 많다. 그러나 사실 수능문제의 지문이 교과서에서 나오고 안 나오는가는 중요하지 않다. 교과서는 국가의 교육과정이 가장 충실하게 반영된 책이라는 사실을 명심해야 한다. 그런 까닭에 수능시험의 모든 지침과 기준은 교과서를

224

기준으로 이루어진다는 점을 분명히 알아야 한다.

문장을 통독하라

어떤 것이든 글의 전체 내용을 파악하는 것, 즉 어떤 문제를 대해도 그 내용이 무엇이며, 질문의 요지가 무엇인지 알게 된다면 그 문제의 해답은 최소한의 범위로 축소될 수 있다.

빠르고 정확하게 읽기 위해서는 먼저 주어진 문장을 통독해야 한다. 말 그대로 처음부터 순서대로 술술 읽어 나가는 것이다. 만일 통독을 하는 도중에 쉽게 이해되지 않는 문장이나 단원이 있다고 하더라도 여러 번 반복해서 읽을 필요가 없다. 그것은 빠르게 읽기에 적합하지 않기 때문이다. 이해되지 않는 부분은 체크해 두었다가 대강의 전체 내용을 파악한 후에 다시 읽는다면 쉽게 이해될 수 있을 것이다.

이해력과 독해력을 높인다

국어에선 이해력과 독해력이 무엇보다 중요하다. 그러나 대부분의 학생들은 책을 읽는다는 것 자체를 부담스러워하고 있다. 많은 시간을 들여야 하기 때문이다. 공부할 시간도 없는데 어떻게 한가하게 책을 읽는가라고 말하는 사람도 많다. 그러나 독서는 시간이 남을 때 하는 것이 아니다. 특히 언어영역에서는 독해력과 이해력을 묻는 문제가 많이 나오기 때문에 독서는 필수 불가결한 것이다.

문장을 완벽하게 이해하기 위해서는 많은 단어의 여러 가지 뜻을 알아두는 것이 기본이다. 단어공부는 따로 시간을 내서 할 필요는 없다. 어려운 단어나 잘 모르는 단어, 정확한 뜻을 모르는 단어를 만났을 때는 귀찮게 생각지 말고 사전을 찾는 습관을 들여야 한다. 그러면 자신도 모르는 사이에 국어 실력이 향상된다.

교과서의 여백을 활용한다

교과서든 참고서든 공부할 때 여백을 적극적으로 활용하는 학생은 성적이 오르게 되어 있다. 국어 공부의 우등생들은 대개 교과서의 여백을 충분히 활용하는 학생들이다. 이렇게 하면 시험을 앞두고 이 문제집 저 문제집 뒤적일 필요는 없다. 이런 경우, 교과서 한 권으로 국어 공부를 하기 때문에 시간도 절약되고 효율성도 높아진다. 대부분의 학교 시험은 교과서를 중심으로 출제되기 때문이다.

논술은 사실 딱히 어떻게 공부해야 하는지가 명확하지 않기 때문에 많은 학생을 당혹스럽게 한다. 우선 무엇을 보아야 할지부터가 명확하지 않다. 기껏 알려진 것으로 신문 사설을 많이 보라는 정도인데, 신문 사설을 볼 때도 도대체 어떻게 보아야 하는지가 쉽지 않은 문제인 것이다.

사실 좋은 글을 쓴다는 것은 매우 어려운 일이다. 좋은 글을 쓰는 것에 대해 크게 신경쓰지 않았던 필자 역시 글을 쓸 때마다 자신이 없다. 물론 입시 위주의 교육제도 하에서 글을 쓰는 훈련은 거의 이루어지지 않았기 때문이기도 하다. 그런 점에서 논술시험을 도입한 의의를 찾을 수 있을 것이다.

먼저 좋은 글을 찾는다

신문의 칼럼이나 시론을 많이 보도록 권장하고 싶다. 일단은 필자가 드러나 있기 때문에 필자의 글맛을 느낄 수 있어서 좋거니와 다양한 계층의 필자가 글을 쓰기 때문에 다양한 글을 비교할 수 있어서 좋다. 특히 논술시험의 채점관이 대학교수들이라는 것을 감안할 때 대학 교수가 많이 쓰는 칼럼의 글에 익숙해지는 것이 단기적으로 시험 대비에 훨씬 유익하리라 생각된다. 신문사 논설위원이 쓰는 칼럼도 사설보다는 훨씬 더 감칠맛 나게 글을 쓰기 때문에 논술시험의 정형으로는 오히려 칼럼을 들 수 있을 것이다.

이런 식으로 추론하면 논술시험을 대비하는 데 있어 신문의 칼럼만 가지고는 조금 부족하다고 생각할 수 있다. 신문의 성격상 주로 정치, 경제, 사회에 관한 칼럼이 많은데 논술시험에서는 철학과 과학에 관한 문제가 꽤 비중 있게 다뤄지기 때문이다. 따라서 철학과 과학에 관한 글은 잘 모아놓는 것이 좋다.

스스로 써 보는 것이 중요하다

지식을 토대로 해서 자신이 스스로 글을 써보는 것이 가장 좋은 논술공부이다. 처음에는 시간에 구애받지 않고 쓰다가 나중에 어느 정도 훈련이 되면 시간을 줄여나가는 방법을 쓰면 된다. 물론 이때까지 신문의 칼럼을 보아서는 안 된다. 처음에는 자신의 글을 쓴다는 것이 쉽지 않겠지만, 반드시 결론까지 정확하게 쓴 후에 비로소 신문의 글을 보라는 것이다. 자신이 오랫동안 고생해서 글을 썼기 때문에 이제 신문의 글을 보면 자신도 모르게 집중해서 글을 보게 된다.

이렇게 공부하는 도중에 혹시 마음에 드는 작가가 있다면 그분의 글만을 뽑아서 다시 분석하는 것도 좋은 공부방법이다. 한 사람의 글에서 사용되는 기법과 매력을 전부 파악할 수 있다면 다른 사람의 글을 쉽게 파악할 수 있게 한다.

신문을 이용하라

최근에는 신문마다 논술시험 대비를 위해 학생들에게 응모를 받아 우수한 글을 뽑아서 심사평과 함께 실어주는 경우가 많다. 주어진 주제에 대해 먼저 자신의 글을 써야 한다. 그리고 나서 다른 학생의 글을 읽고 비평한다. 자신의 글을 포함하여 여러 글을 동시에 놓고 비교 분석해 본다. 내용이 논리적으로 이어지고 있는지, 형식에 있어서도 문장력이나 참신성 등 논술 지침서에 실려 있는 기준을 중심으로 장단점을 분석해서 적어둔다. 그리고 나서 심사평을 보면서 자신의 분석이 얼마나 전문가의 분석과 일치하는가를 따져 보면 좋다.

이런 식의 공부에서는 꾸준함이 요구된다. 처음에는 실력이 향상되는 것을 느끼기 어렵고 전문가의 심사가 너무도 자의적인 것처럼 보일 것이다. 그러나 앞서 지적한 대로 전문가를 인정하고, 자신의 수준을 받아들여야 한다. 분명한 수준 차가 있다. 그 수준 차를 느끼는 순간 실력이 향상될 것이다. 그 수준 차를 느끼지 못하면 잘못된 것이다. 앞에서 전문가의 글을 보는 것과는 달리, 비슷한 수준의 글을 봄으로 인해 오히려 수준 차를 쉽게 느끼는 장점을 기대할 수 있는 방법이다.

9. 과학 과목 장악하기

과학 역시 수학과 마찬가지로 두뇌가 명석한 사람만의 전유물이라고 생각하는 사람이 많다. 그러나 그렇지 않다. 왜냐하면 제아무리 과학이라고 해도 그 기본 원리에 의해 움직이는 것이므로 그것을 이해하기만 한다면 어떤 문제도 쉽게 해결될 수 있기 때문이다.

그러나 과학을 쉽게 공부하려면 과학과는 사촌 관계라 할 수 있는 수학을 이해하는 것이 빠르다. 대부분의 수험생들이 수학을 잘하면, 과학도 그만큼 수월하게 할 수 있는 것은 이러한 이유에서이다. 수학이 세상의 여러 현상을 숫자로 표현한 것이라면, 과학은 그중에서도 우리의 실생활에 직·간접적으로 응용이 가능한 현상을 과학적인 언어로 표현한 학문이기 때문이다.

정리가 필수적이다

모든 과목이 그러하겠지만, 기초가 없이는 좋은 성적을 올리기가 쉽지 않다. 기초를 튼튼히 다지기 위해 꼭 익혀 두고 넘어가야

성적, 이제 내 마음대로 한다

할 것이 있는데, 바로 교과서이다. 교과서를 보면 참고서에 비해 엉성하기도 하고 얼핏 보기에 불편해 보이기도 하다. 그러나 사실 꼭 배워야 할 것은 교과서에 다 나와 있으므로, 교과서를 완전히 이해한 후에 참고서를 활용하는 것이 좋다.

과학 과목은 정리가 필수적인 과목이다. 즉, 과학 용어, 법칙, 원리 등을 먼저 이해하고 난 후 서로의 연관성을 고려하여 정리해야 하는 것이다. 용어와 법칙, 원리는 따로 존재하는 것이 아니고 서로 연관되어 있는 것이기 때문에 관련이 있는 것끼리 모아서 정리해 두어야 학습 효과가 크다.

생활 속에 과학이 있다

과학 과목은 실생활 문제를 과학적으로 해결하는 데 필요한 탐구방법을 강조하며, 이를 통하여 과학의 기본 개념을 이해하도록 하는 과목이다. 즉, 과학 학습을 자연현상으로부터 탐구하려는 것이다. 이러한 적용 부분에서 학생들이 가장 어려워하는 것이 생활 과학과 시사 문제일 것이다. 이 부분은 어떤 교재도 명쾌하게 제시하지 못하고 있다. 이를 해결하기 위해서는 과학에 관련된 특별 활동에 적극적으로 참여하는 것이 좋지만 과학만을 공부할 수는 없으니까 우선 과학 전람회 등에 참여하고, 과학 관련 서적이나 신문의 과학 관련 기사를 주의 깊게 보는 것도 좋은 방법이다.

10. 암기 과목은 이렇게

암기과목이라고 해서 무조건 외우는 것은 아니다. 그것만으론 결코 좋은 점수를 얻을 수 없다는 것을 여러 차례 경험했을 것이다. 역사를 공부한다고 해도 무조건 암기하기보다 그 시대적인 배경을 이해하고, 그로 인해 발생했던 사건들을 외우는 방식을 쓰면 굳이 책을 까맣게 칠하면서 외우지 않아도 좋은 성적을 받을 수 있다.

나무를 보기 전에 숲을 보자

'장님 코끼리 만지는 식이다' 라는 속담이 있다. 장님들이 각기 코끼리의 다른 부위들을 만지면서 코를 만진 사람은 코끼리가 홀쭉하게 생겼다고 주장하고, 귀를 만진 사람은 넓고 평평하다고 주장하며, 또 다리를 만진 사람은 굵고 둥글게 생겼다고 주장한다는 것이다.

우리도 역사를 공부하면서 '장님 코끼리 만지는 식' 과 같은 오류를 범해서는 안 된다. 이는 역사를 바르게 이해하는 방법이 아

성적, 이제 내 마음대로 한다

니다. 역사 과목은 인간 활동의 변화적 측면을 보여 주는 교과이므로 우선 역사의 흐름을 파악해야 한다. 이러기 위해서는 교과서의 단원 개관 및 개요를 잘 읽어 보아야 한다. 단원 개관 및 개요에는 각 시대의 주요 특징들이 잘 정리되어 있기 때문이다.

시대적 상황을 알자

왜 밀(Mill, J. S.)과 같은 공리주의자는 자기의 쾌락과 행복만을 추구하지 않고 타인의 행복까지도 실현되기를 원하는 이타심을 강조하였을까? 그것은 시민의 자유를 중시한 자유 방임주의 사상이 당시 많은 문제를 초래하였기 때문이다. 최근, 무위자연을 강조하는 노자의 사상이 각광받는 이유도 환경문제가 심화되고 있기 때문인 것처럼.

윤리 과목에서는 인간은 어떤 존재이며, 어떻게 살아가는 것이 올바른 삶인가의 문제를 주로 다룬다. 이 때문에 윤리 교과는 동·서양의 윤리 사상에 많은 지면을 할애하는 것이다. 윤리 사상은 사회가 당면한 문제를 해결하기 위한 노력의 산물이다. 따라서 윤리 사상에 대한 명확한 이해를 위해서는 당시의 사회적 상황을 파악하는 것이 중요하고, 바로 이것이 윤리 교과 학습의 첫걸음이다. 즉, 윤리 사상의 출현과 시대적 상황은 서로 밀접한 관련을 맺고 있다. 따라서 먼저 각 시대의 성격을 이해할 필요가 있다고 말할 수 있다.

11. 노트 정리

노트를 단지 수업시간에 필기하고 복습시간에 한 번 훑어보는 데 그치는 것으로 생각하는 학생이 많다. 더구나 예습 때 노트를 활용하는 경우는 드물다. 그러나 학습의 강도를 좀더 높이기 위해서는 예습-수업-복습으로 이어지는 종합적인 정리가 필요하다.

특히, 예습-수업-복습 내용을 서로 다른 색깔의 펜으로 구별해서 필기한다면 더 좋은 학습 효과를 노릴 수 있고 쉽게 암기할 수 있다. 그러므로 펜의 색을 자신이 좋아하는 것으로 구분해서 사용하는 것이 좋겠다.

노트 작성 요령

노트 필기의 목적은 자신이 적어 놓은 것을 나중에 다시 보면서 복습하기 위함이다. 그러므로 글씨를 잘 쓰느냐 못 쓰느냐는 중요하지 않다. 자신이 읽을 수만 있으면 된다. 노트 필기는 들여쓰기를 잘해야 한다.

큰 1번이 있고 작은 1번이 있고 더 작은 1번이 있다. 서로 다른 1

번을 상위개념과 하위개념으로 잘 분류해 눈에 잘 띄게 줄을 맞춰 적는 것이 중요하다. 하지만 많은 학생들이 이것을 잘못한다. 또한 노트 필기는 수업 집중에도 도움이 된다.

선생님의 강의를 하나도 빠짐없이 적는다는 생각으로 노트 필기를 하면 수업중에 집중효과도 거둘 수 있다. 선생님이 판서한 것은 검정색, 자신이 보충한 것은 파란색, 또 중요한 것은 빨간색 등으로 색을 쓰는 것도 좋다. 그러나 색깔이 4개 이상일 경우 혼란스러울 수 있다.

수업내용 이외에 예습·복습에 대한 설명을 스스로 직접 문장을 만들어서 적는다. 가능한 한 간결한 문체로 자신만이 알아볼 수 있게 쓰되, 내용을 확실하게 적는다. 불확실한 해석이나 설명 그리고 반복되는 내용은 생략한다. 특히 학습요점이나 중요사항을 정리해 자주 쓰는 것은 주관식 문제에 대한 대비책이다.

노트 필기에서 중요한 부분이나 내용 등을 다른 색을 사용해서 쓰거나 밑줄을 그어 놓으면 다른 부분보다 훨씬 눈에 잘 뛰므로 생각해 내기 쉽다. 특히 형광펜을 칠해 놓으면 그 부분에 대한 인상은 더욱 강해진다. 그러나 너무 다양한 색 혹은 많은 부분을 형광펜이나 다른 펜들로 강조해 놓으면 어느 부분이 더 중요하고 덜 중요한 것인지에 대한 구분이 모호해진다. 따라서 형광펜이나 다른 색으로 밑줄을 그을 때에는 수업중에 강조되었거나 정말 중요해서 반드시 암기해야 할 내용인 경우에만 혼란스럽지 않게 깔끔하게 줄을 친다.

끈기 있게 해야 한다

학기 초반에는 그런 대로 많은 학생들이 성의껏 노트 필기를 해 둔다. 그러나 학기 중반에 접어들면서 과제물 준비하랴 시험 준비하랴 바쁘다 보면 한 두 장 밀리게 되고 그러면 차츰 노트 필기에 소홀하게 된다. 노트 필기는 마음만 가지고 되는 것이 아니라 어떤 마음자세로 끈기 있게 지속시키느냐에 그 성패가 달려 있다. 또한 무엇보다도 중요한 것은 노트 자체보다도 그것의 활용이다.

12. 내 건강은 내 스스로

몸이 피곤하면 학습능률이 떨어진다. 그럴 땐 잠시 쉬어야 한다. 그럼에도 그것을 억지로 계속하면 더 많은 시간을 공부할 수 없게 되기 때문이다. 자신의 건강은 누구보다 자신이 잘 알게 마련이다. 건강이 나빠지면 입맛이 없어지고 쉬 피곤해지고 피로가 잘 풀리지 않으며 여기저기 아픈 데가 나타나게 된다.

항상 건강을 유지하는 것이 무엇보다 중요하다. 대학입학 준비뿐 아니라 모든 공부는 마라톤과 같다. 반짝 한두 달 공부를 열심히 해서는 성과를 기대하기가 어렵고, 1~2년을 꾸준히 해야 승부를 낼 수 있다. 이렇게 꾸준하게 공부를 하면서 계속 맑은 정신을 유지하기 위해서는 건강해야 한다는 것은 두말할 필요도 없다.

흔히 많은 학생이 입시로 인한 스트레스 때문에 공부에 집중하지 못하는 경우가 많은데, 이런 경우 신체적으로 건강하지 못한 경우가 많은 것 같다. 평소 허약체질인 경우에는 공부를 시작하기 전에 먼저 적당한 운동을 해서 건강한 신체를 가꾸는 것이 중요하다. 항상 맑은 정신을 유지하고 있다는 것을 스스로 느껴야 하며, 그렇지 않을 때는 우선 그렇게 될 수 있도록 하고 난 후에 공부를 해야 한다.

더구나 무리한 것으로 인해 공부에 대해 싫증을 느끼게 되면 만회하는데 더욱더 큰 힘이 든다. 몸이 피곤하면 상황에 따라 적절히 피로를 회복할 수 있는 방법을 써야 한다.

낮잠으로 피로 풀기

민족사관고에서는 점심식사 후에 전교생을 잠을 재운다. 이때는 졸리지 않아도 자야 한다. 만약 잠자지 않은 것을 사감선생이 알게 되면 벌을 받기 때문이다. 그때 잠을 자두는 것이 오후 수업에 크게 도움이 된다. 기계도 열을 받으면 쉬어 주어야 한다. 하물며 사람이랴!

피로 풀기의 으뜸은 잠자기이다. 짬짬이 짧은 시간 잠을 자는 것에 숙달되면 기분전환에 그것처럼 좋은 것은 없다. 잠자는 장소라고 특히 가릴 것은 없다. 집이라면 정식으로 침대에서 자겠지만, 경우에 따라서 이동 중에는 차 안에서도 가능하고 도서관에서는 조용히 책상에 엎드려 잘 수도 있다. 그러나 낮잠의 경우는 30분 이상은 자지 않는 것이 좋다. 두통이 생길 수도 있기 때문이다.

명상하기

잠을 자기 불편한 경우 명상에 들어 갈 수 있다. 내가 가르쳐 준

호흡 느끼기 명상은 깨어 있지만 잠자는 것만큼의 피로회복 효과가 있다. 실제적으로 내적인 모든 조건은 잠자는 것과 동일하기 때문이다. 특히 정신적인 피로를 해소하는 데는 잠보다도 우수하다. 바로 익혀 바르게 사용하기 바란다.

가벼운 운동하기

피로의 원인은 여러 가지가 있지만 그중 혈액순환이 안 되는 경우가 대부분이다. 특히 공부에 열중하면 피가 뇌에 편중된다. 그럴 때 가벼운 운동으로 몸을 풀면 상쾌한 기분이 될 수가 있다. 얼핏 생각하면 운동보다 눕는 것이 더 좋고 운동이 시간낭비인 듯해도 사실은 학습의 능률을 올리는 데도 크게 이바지한다. 물론 언제 어디서나 가능해야 하므로 축구, 농구, 테니스보다는 이 책의 동오식(動五式) 기공(氣功)이 더욱더 효과적이다.

성적 올리기 3개월 작전 핵심 포인트

학교 수업이 가장 중요하다

학교에서 배우는 수업 진도에 맞춰 예습을 하는 것이 편할 뿐만 아니라 학교생활을 편히 하는 지름길이다. 일단 수업 진도를 맞추지 못하게 되면, 교실에 앉아 수업 받기가 고통스럽기 때문이다. 진도가 늦어 오늘의 수업 내용을 이해하지 못한다면 다음 수업은 더욱 이해하지 못하게 마련이다.

반대로 무리하게 수업 진도를 훨씬 앞질러 공부해 버리면 오히려 수업에 집중이 안 될 수도 있다. 수학은 계단식 학습 프로그램이기에 다른 과목에 비해서 수업 진도와 자신의 학습 진도가 맞아야 배움의 효과를 최대로 올릴 수 있다. 모든 공부는 학교진도, 학교수업을 중심으로 해야 한다.

목표의식이 있는 공부

10분이든 30분이든 한 시간이든 책을 들었으면 반드시 목표의식을 갖고 공부해야 한다. 목표의식을 갖고 공부할 때와 그렇지 않을 경우의 차이가 효과에서 적어도 3배 이상의 차이가 난다.

치밀한 학습 계획

계획 없는 행동은 무모하고, 계획만 짜고 실천을 못하면 탁상공론이 되고 만다. 치밀한 계획과 결단력 있는 행동의 조화만이 학습의 승리자가 된다. 보통 학생들은 평상시 놀다가 시험 날짜(시험 범위)가 발표된 후 공부하려 한다. 이는 치밀한 계획이 없기 때문이며, 그런 학생은 학년이 올라갈수록 성적이 떨어질 수밖에 없다.

집중적 입체 학습을 한다

공부는 집중적이고 입체적이어야 한다. 그래야 성적을 올릴 수 있다. 보통 학생과 우수한 학생의 공부방법은 상당히 다르다. 보통 학생이 공부하는 모습은 책상에 앉아 눈으로만 책을 읽지만, 조금 잘하는 학생은 눈으로 읽고 연습장에 써 가며 공부한다. 늘 선두를 유지하는 아주 잘하는 학생은 눈으로 읽고, 입으로 읽고, 귀로 듣고, 손으로 쓰며 공부한다.

수업 전후 5분을 활용한다

이렇듯 세심한 데까지 신경을 쓰면 다양한 아이디어를 얻을 수 있는데, 예를 들어 수업 시작 전과 끝난 후 2분이 매우 중요하다는 주장도 있다. 마음이 차분하고 정리가 되어 있어야 공부가 잘 되는데, 수업 전 2분을 이용하여 마음을 비울 뿐 아니라 지난 시간에 무엇을 배웠나 잠깐 살펴봄으로써 공부의 효율을 크게 높일 수 있다는 것이다. 수업이 끝나고 나서도 그냥 책을 덮는 것이 아니라 하던 일을 마치면 작업대를 정리하듯이 간단하게 수업내용을 정리해서 마치 머릿속에서 매듭을 짓는 듯 해두면 좋다는 것이다.

공부일기를 쓴다

훌륭한 스승은 가장 가까이에 있는 법이다. 실제로 친척이나 친구보다도 더 좋은 스승이 아주 가까이에 있다. 자신을 가장 잘 알면서 자신에게 가장 큰 애정을 지니고 있고 자신을 가장 잘 통제할 수 있는 사람이 스승이 된다면 날 얼마나 잘 이끌 수 있을까? 그 사람은 바로 자기 자신이다. 자신이 자신의 스승이 되어야 한다.

그것을 위한 구체적인 방법이 공부일기를 쓰는 것이다. 자기 전에 5분간 시간을 내어 그날의 공부 성과를 기록하면, 그 날 자신이 얼마나 성실하게 공부했는지를 반성하는 계기가 될 수 있을 뿐 아니라 나중에 자신의 공부방법을 되돌아보고 개선하는데 중요한 참고자료가 될 것이다. 매일 그렇게 단 한 번이라도 자신의 위치를 돌아보는 것은 그 다음날 자신의 마음을 다잡는 데도 큰 도움이 된다.

이러한 공부일기를 기초로 해서 스스로 자신이 낭비한 시간도 알 수 있을 뿐 아니라 더 나은 공부방법도 저절로 터득된다. 이것을 한 걸음 발전시키면 먼저 기간별로 계획을 구체적으로 잡아 놓고 그 계획이 제대로 실천되고 있는지를 따져 보는 것도 훌륭한 방법이다.

예를 들어, 오늘 하루 동안 자신이 했던 공부를 시간대별로 자세히 기록하는 것이다. 아침 6시에 일어나기, 1시간 동안 영어 교과서 p. 25~35 예습하기, 학교에서 쉬는 시간과 점심시간에 윤리 개념 이해하기, 방과후에 수학 교과서 p. 45~55까지 복습하기 등 공부 내용을 자세히 기록하는 것이다. 사람의 기억력은 그날 반복해 줄 때 더욱더 효과적이다. 그날 공부 일기에 정리가 어려운 것은 공부가 안 된 것이라 할 수 있다. 다음에 다시 한 번 정리해야 할 것이다.

수면 관리는 승패의 열쇠이다

수면 관리에 이긴 자만이 입시에서 살아남는다. 너무 많이 자도 안 되고 너무 잠을 줄여도 안 된다. 입시는 장거리 경주이므로 하루이틀 간의 벼락치기로는 절대로 합격의 영광을 얻을 수가 없다. 잠도 양보다는 질이다. 잘 때는 편한 자세로 푹 자고 공부할 때는 언제나 맑은 정신을 유지해야 한다. 늘 다리는 따뜻하게 머리는 시원하게 해야 건강하다.

기공과 함께 잠들어라

이것저것 생각하다 잠이 들면 밤새 그것이 의식을 장악하게 되어 있다. 따라서 매일 잠자리에 들어서는 온몸이 기를 느끼면서 잠들도록 해야 한다. 그렇게 하면 밤 사이에 온몸에 기가 충만하게 된다. 잠들기 전에 피곤에 지쳐 아무렇게나 잠들어서는 안 된다.

저녁 공부가 끝난 후엔 바로 잠들어라

저녁 공부가 끝난 후엔 바로 잠들어야 한다. 다시 컴퓨터 앞에 앉거나 편지를 쓰는 등 다른 일을 하지 않도록 해야 한다. 그렇게 하면 그날 한 공부가 수포로 돌아간다. 우리의 뇌는 잠들기 직전의 일을 가장 우선으로 생각하기 때문이다.

두뇌를 신선하게

뇌에 신선한 산소를 자주 공급하기 위해 방의 환기를 자주 해야 한다. 공부방에 온도는 너무 높여서는 안 된다. 적정 온도 20도를 유지하도록 한다. 가끔 찬물로 세수해서 머리를 식혀주고 적절한 휴식으로 뇌에 생기를 불어넣도록 한다. 밥은 조금 부족한 듯 먹도록 한다. 너무 많이 먹어 위에 부담을 주는 것은 곧 머리에 부담을 주는 것이다.

그날 공부한 것을 그날 정리해 둔다

독일의 심리학자 에빙하우스(1850~1909)가 쓴《기억에 관해서》(1885)에는 '시간에 따른 기억력의 변화'의 연구 결과가 도출되어 있다. 이 책에 의하면 인간은 20분 후에는 배운 것 중의 1/2을, 하루가 지나면 2/3 정도를 잊어버린다고 했다. 2일 후에는 69%, 15일 후에는 75%, 그리고 한 달 후에는 78%를 잊어버리게 된다는 것이다.

요컨대 한 달 후에는 배운 내용의 22% 정도에 불과한 내용밖에 기억하지 못한다는 결론이 나오게 된다. 그러나 일단 배운 내용을 그 직후에 복습하고 또 그 후로도 정기적으로 복습한 사람은 80% 정도는 기억할 수 있다. 실력을 올리는 것은 과외공부가 아닌 적절한 복습 하나만으로도 유지될 수 있다.

공격적 학습과 방어적 학습의 조화

학습에도 공격과 방어가 있다. 공격적 학습은 점수를 얻기 위한 적극적 공부법이며 방어적 학습은 아는 문제를 틀리지 않기 위한 신중한 학습, 공격적 학습과 방어적 학습을 적절히 혼합하여 학습한 내용을 차근차근 정리해야 한다.

예습은 공격적 학습이고, 복습은 방어적인 학습이다. 현대적 경기 운영의 감각은 전원 공격, 전원 수비이다. 입시준비도 공격과 수비의 조화를 이루어야 한다. 운동경기도 처음과 끝이 중요하듯 공부도 처음과 끝이 매우 중요하다.

나쁜 습관을 버린다

한 손으로 볼펜을 돌리며 공부하거나, 이어폰을 끼고 음악을 들으며 공부하거나, 다리를 흔들어 가며 공부하거나, 비스듬히 눕거나 엎드려서 공부하거나, 이 방 저 방 등을 왔다갔다 하면서 공부하거나 책상에 앉지 않고 공부하려는 나쁜 습관은 버려야 한다.

공부에는 때와 장소가 없다

수험생은 등하교 길, 버스 안이나 길거리에서, 화장실에서, 식당에서 등등 그저 닥치는 대로 공부를 해야 한다. 통학 버스나 전철에서 책을 읽는 등, 가능한 시간을 모두 활용한다. 특히 일상생활 중에서 토막난 시간을 이용하여 집중적으로 책을 읽는다. 예를 들면, 버스를 기다리는 동안이라면 버스가 올 때까지 몇 분 동안, 또한 전철을 기다릴 때 역시 책을 읽기 좋은 시간이다.

수험생은 눈치보고, 남을 의식하고, 체면 차릴 필요가 없다. 전쟁에는 2등이 없듯이 입시에는 합격만 있다. 전천후 수험생이 되어야 한다. 그리고 결심을 했으면 곧 실행하도록 하자.